科学出版社“十三五”普通高等教育本科规划教材
高等中医药院校推拿学专业系列教材

总主编　丛德毓　王金贵

供中医学、针灸推拿学等专业用

伤科推拿治疗学

主编　王春林　孙　庆

科学出版社
北京

内 容 简 介

本教材是科学出版社“十三五”普通高等教育本科规划教材、高等中医药院校推拿学专业系列教材之一，是针灸推拿学专业主干课程之一。伤科推拿是目前全国推拿学科的主流领域，其临床应用与规模在整体推拿学科占有重要地位。伤科推拿也是与传统中医外治法处方配伍应用最为密切、最能体现中医内外兼治特点的推拿领域。本教材分成上、中、下三篇。上篇为基础篇，主要包括伤科推拿作用机制、常用经穴及适应证和禁忌证；中篇为治疗篇，主要包括项痹痛、腰痹痛、胯痹痛、肩痹痛、肘痹痛、腕痹痛、膝痹痛、踝痹痛；下篇为拓展篇，主要包括传统外治疗法、现代外治疗法及伤科疾病常用外用方药。本教材整体编写框架是以中医病名为纲，以西医病名为分型的创新编排模式，并以《医宗金鉴·正骨心法要旨》为蓝本，保留传统伤科推拿的中医思维，在推拿为主的前提下，融入临床最为常用的中医外治疗法，杂合以治，融会贯通。

本教材适用于全国高等中医药院校针灸推拿学、中医学、中西医结合临床医学等专业本科生，同时也可以作为推拿专科医师的参考书。

图书在版编目（CIP）数据

伤科推拿治疗学 / 王春林，孙庆主编. —北京：科学出版社，2019.4
高等中医药院校推拿学专业系列教材 / 丛德毓，王金贵总主编
ISBN 978-7-03-061034-8

Ⅰ. ①伤… Ⅱ. ①王… ②孙… Ⅲ. ①中医伤科学–推拿–中医学院–教材
Ⅳ. ①R274

中国版本图书馆 CIP 数据核字(2019)第 069692 号

责任编辑：陈深圣　郭海燕 / 责任校对：王晓茜
责任印制：赵　博 / 封面设计：北京图阅盛世文化传媒有限公司

科学出版社 出版
北京东黄城根北街 16 号
邮政编码：100717
http://www.sciencep.com
北京厚诚则铭印刷科技有限公司印刷
科学出版社发行　各地新华书店经销
*
2019 年 4 月第 一 版　开本：787×1092　1/16
2025 年 8 月第六次印刷　印张：10 3/4
字数：254 000
定价：49.00 元
（如有印装质量问题，我社负责调换）

科学出版社“十三五”普通高等教育本科规划教材
高等中医药院校推拿学专业系列教材

评审委员会

总编委会

《伤科推拿治疗学》编委会

主　编　王春林　孙　庆

副主编　王　翔　刘俊昌　李守栋　商强强　詹　强

编　委　（按姓氏笔画排序）

于志国（黑龙江中医药大学）
马铭华（天津市中医药研究院附属医院）
王　翔（上海中医药大学）
王权午（长春中医药大学）
王春林（云南中医药大学）
刘俊昌（新疆医科大学）
孙　庆（天津中医药大学）
李守栋（南京中医药大学）
张　玮（天津中医药大学）
张坤木（福建中医药大学）
范宏元（贵州中医药大学）
林志刚（福建中医药大学）
国　生（北京中医药大学）
郭汝松（广州中医药大学）
商强强（长春中医药大学）
董有康（云南中医药大学）
雷　洋（河南中医药大学）
詹　强（浙江中医药大学）
戴晓晖（北京中医药大学）

秘　书　张　玮　董有康

总 前 言

为落实教育部“高等学校本科教学质量与教学改革工程”以及《教育部关于加强高等学校在线开放课程建设应用与管理的意见》(教高[2015]3 号)的相关精神，加强教材建设，确保高质量教材进课堂，并进一步推动我国教育信息化的发展，促进在线课程的建设及推广应用，由长春中医药大学附属医院、天津中医药大学第一附属医院牵头组织了科学出版社“十三五”普通高等教育本科规划教材暨数字化项目高等中医药院校推拿学专业系列教材的编写工作。实现教育现代化，信息化是必经之路。“十三五”期间我们将致力于促进教育信息化“四个提升”和“四个拓展”，全面提升教育信息化基础支撑的能力，大幅提升教育信息化服务教学和管理的能力，优先提升教育信息化促进教育公平、提高教育质量的能力，有效提升数字教育资源开发与服务供给能力。

随着推拿临床与研究内涵的不断深化，重新构建课程教材体系是推拿学科发展的趋势，也是推拿学课程体系优化的必然需求。从推拿学发展源流中不难看出，推拿专业身兼学科与技法双重性质，应用范围包罗内、外、妇、儿、伤等各科病种。当前要以健康中国理念为推拿学科发展的契机，使推拿专业现代化、国际化的步伐更加强健有力，突出学科特色和优势，与中医学、针灸学学科并驾齐驱，这也符合每个学科不断发展壮大的必然规律。《淮南子·原道》中说：“高者必以下为基。”因此，我们先从编著教材和培养人才开始。现有的《经络腧穴学》等相关著作多是为针灸学临床与研究服务的，对于与推拿关系密切的奇经八脉、十二经筋、十二皮部没有重点阐述，对于适宜于推拿但不适于针灸的腧穴介绍过于简单，完全不能满足现代推拿临床与教学的需求。

我们着力于推拿学课程体系重构以及新体系下教材建设，重新构建真正适应当前推拿学临床、教学、科研需求的课程体系，从教材层面将推拿学科从针灸学科中分化出来。推拿临床医生在中医和西医诊断能力、古籍和现代文献查阅能力、辨证处方及现代物理疗法综合治疗能力、科研能力等方面更需要加深知识点学习，本系列教材以建立推拿学科理论体系、提升推拿临床能力为编写出发点，在原有推拿学科教材的基础上，扩增为《伤科推拿治疗学》《脏腑推拿治疗学》《小儿推拿学》《推拿手法学》《推拿诊断学》《推拿中医基础理论》《推拿解剖学》《实验推拿学》《推拿功法学》《推拿学发展简史》十本教材。本系列教材编写重视教材的启发性，以加强学生实践能力的培养。

系列教材以《伤科推拿治疗学》《脏腑推拿治疗学》《小儿推拿学》为核心课程教材，其中《伤科推拿治疗学》编写以《医宗金鉴·正骨心法要旨》为蓝本，着重体现传统伤科推拿的中医思维，改善轻中医辨证、重西医辨病现状，使中西医优势互补，各取所长。新增《脏腑推拿治疗学》总结归纳脏腑推拿理论方法及应用体系，遵从处方配伍原则，制定治疗术式来辨证施术，着重体现“外治之理即内治之理”。以《推拿中医基础理论》《推拿诊断学》《推拿解剖学》《推拿手法学》为基础课程教材，其中《推拿中医基础理论》着重阐述了经筋理论指导伤科推拿、奇经八脉与四海气街理论指导脏腑推拿以及皮部理论指导小儿推拿的中医思维。新增《推拿诊断学》突出推拿学科的诊断特色，增设辨体征等内容。新增《推拿解剖学》教材，针对核心课程分为三大版块，将伤科推拿、脏腑推拿、小儿推拿相关解剖学知识抽提出来系统化。以《推拿功法学》《实验推拿学》《推拿学发展简史》为外延课程教材，其中《推拿学发展简史》不仅有推拿古籍的研究，还包括流派的研究，按照不同历史阶段分章节讲述各时期的推拿发展情况。

本系列教材编写过程中，全国推拿学科专家集思广益、群策群力，从增设课程、教材内容及编写体例等多个方面进行反复深入研讨。编写单位互相协作，体现了大学及临床医院在教学、科研、临床等方面为推拿学科发展的核心动力。2016 年于长春进行全国遴选，初步确定了十本教材主要内容及总编委会；2016 年底于天津确定教材主编；2017 年 7 月于长春召开主编会议，确定了各本教材编写大纲和体例；2017 年 8～10 月由本系列教材天津教材秘书组解决系列教材之间衔接问题，针对每本教材提出编写建议，各主编根据编写建议修订大纲与样稿；2017 年 11 月于浙江召开系列教材编写启动会，明确编写要点及时间进度要求；2017 年 12 月至 2018 年 1 月于北京、天津、河南等地分别召开各教材启动会，确定各编委会成员；2018 年 7 月于长春召开系列教材定稿会。经过近三年的认真酝酿和专家集中研讨，本系列教材即将付梓，希冀对推动推拿学科的发展，对推动推拿学科教学与临床有所裨益。

本系列教材在编写过程中着重不同课程中相同内容的统一性、协调性，避免了前后矛盾；在课程构建时着重合理性、实用性，整套教材之间合理配置，减少内容重复，同时增加视频教学以适应现代化教学的需求。本系列教材以服务人才培养为目标，坚持以育人为本，旨在充分发挥教材在提高人才培养质量中的基础性作用，充分体现最新的教育教学改革和教材改革成果，全面推进素质教育，实施精品战略，强化质量意识。本系列教材适用于全国高等中医药院校推拿学专业以及中医学、针灸学等相关专业学生教学使用，也可作为临床推拿医师、推拿专业爱好者的参考用书。

丛德毓　王金贵

2019 年 3 月 28 日

前　言

科学出版社“十三五”普通高等教育本科规划教材《伤科推拿治疗学》是根据教育部“高等学校本科教学质量与教学改革工程”，以及《教育部关于加强高等学校在线开放课程建设应用与管理的意见》（教高〔2015〕3号）的相关精神，由全国近二十所高等中医药院校联合编写，由教学与临床第一线资深骨干执笔，供中医学、针灸推拿学等专业教学使用。

伤科推拿是目前全国推拿学科的主流领域。其临床应用与规模在整体推拿学科占有重要地位。本部教材的整体编写框架采用以中医病名为纲，以西医病名分型的创新编排模式。因为中医思维具有整体性和概括性的特征，所以中医病名相对比较宽泛。随着影像学、解剖学、神经学等现代医学学科的不断发展，西医对于疾病的认识更为客观、精准。而现代医学根据发病机制的不同，衍生出腰椎间盘突出症、腰椎椎管狭窄症、第三腰椎横突综合征、退行性腰椎滑脱症、腰椎骨性关节炎、梨状肌综合征等不同疾病。本教材按照中医病名分类，并分列手法治疗的基础方。同时，在中医病名目录下，增设相关的西医病名，并根据不同疾病的发病机制加减手法。

伤科推拿与传统中医外治法关系最为密切，最能体现中医内外兼治的特点。因此，本教材在下篇特别论述了传统外治疗法、现代外治疗法和伤科疾病常用外用方药的内容，以体现中医杂合以治、内外兼治的特点。

本教材分成上、中、下三篇。上篇为基础篇。第一章为伤科推拿作用机制，包括伤科推拿的中医治疗作用和现代作用机制；第二章为伤科推拿治疗常用经穴，主要介绍十二正经及十二经筋的循行路线和作用，以及常用穴位，选穴以躯干和四肢部位为主，主要介绍定位和主治。第三章介绍伤科推拿适应证与禁忌证。

中篇为治疗篇，是本课程的重点内容，突出强调伤科疾病的手法选择、部位选择及配伍解析。第五章为项痹痛、第六章为腰痹痛、第七章为胯痹痛、第八章为肩痹痛、第九章为肘痹痛、第十章为腕痹痛、第十一章为膝痹痛、第十二章为踝痹痛，针对不同部位疾病的发病特点，结合处方用药思路，对伤科推拿治疗手法与经穴进行配伍应用，在整体观念指导下进行辨证论治；主要介绍疾病概念、病因病理、临床表现、诊断要点、鉴别诊断、治疗方法等内容。其中治疗方法包括操作部位、操作手法、操作步骤、解析。

下篇为拓展篇。第十三章为传统外治疗法，主要介绍敷贴、熏蒸、湿热敷、拔罐及膏摩疗法；第十四章为现代外治疗法，主要介绍牵引治疗技术，微波治疗、低频治疗、中频治疗，冲击波治疗，直线偏振光近红外线治疗；第十五章为伤科疾病常用外用方药，主要介绍项痹痛、腰痹痛、胯痹痛、肩痹痛、肘痹痛、腕痹痛、膝痹痛、踝痹痛常用的外用方药。

本教材上篇由董有康、李守栋、商强强、刘俊昌执笔；中篇由王翔、王春林、于志国、国生、戴晓晖、董有康、张坤木、雷洋、范宏元、刘俊昌、郭汝松执笔；下篇由王权午、王翔、詹强、张玮、马铭华、林志刚执笔。本教材由王春林、孙庆、张玮统稿。

本教材若有不妥之处，恳请提出宝贵的意见和建议，以便再版时进一步完善。

《伤科推拿治疗学》编委会

2019年1月

目　　录

下篇 拓 展 篇

上篇

基础篇

第一章

伤科推拿作用机制

学习目的

了解伤科推拿的现代作用机制；掌握伤科推拿治疗的中医治疗作用。

第一节　伤科推拿的中医治疗作用

本节内容主要介绍伤科推拿手法的中医治疗作用。掌握伤科推拿治疗在疏经通络、行气活血、滑利关节、理筋整复、调和脏腑五个方面的作用原理，为后面学习伤科推拿临床奠定中医理论基础。

一、疏经通络

经络“内属于府藏，外络于肢节”（《灵枢·海论》），其运行气血，联络脏腑、形体、官窍，沟通表里，贯穿上下，具有“行血气而营阴阳，濡筋骨，利关节”（《灵枢·本脏》）的作用。人体的五脏六腑、四肢百骸、五官九窍、皮肉筋骨，只有通过气血的濡养与经络的联络作用，才能充分发挥各自的生理功能，并相互协调，形成一个有机的整体。各种伤害性外力作用于人体，可直接造成经络损伤、瘀血阻滞、气机不畅，也可因肌肉挛缩而压迫或阻滞经络；慢性劳损，积劳日久，局部气血耗伤，经络失于充养，气虚而不运，亦致经络闭塞不通。经络不通，经气不畅，经血滞行，可出现皮、肉、筋、脉及关节失养而萎弱不用，疼痛或五脏不荣、六腑不运等病理状态。《杂病源流犀烛·跌仆闪挫源流》指出“损伤之患，必由外侵内，而经络脏腑并与俱伤”，损伤后，脉络受阻，“血气不和，百病乃变化而生”（《素问·调经论》）。《灵枢·经脉》云：“经脉者，所以能决死生，处百病，调虚实，不可不通。”

推拿手法作用于人体体表的经络、腧穴或特定部位，具有疏经通络的作用。最早提出手法具有疏经通络作用的是《素问·血气形志》，其云：“形数惊恐，经络不通，病生于不仁，治之以按摩醪药。”《医宗金鉴·正骨心法要旨》曰“按其经络，以通郁闭之气”，说明推拿具有疏经通络的作用。

推拿疏经通络的作用，一方面是通过推拿手法的机械刺激或温热刺激，作用于体表特定部位或腧穴，直接激发经气，调整局部的气血运行；另一方面是通过经络系统调整心肺等脏腑功能，推动全身气血运行。

推拿手法主张“推穴道，走经络”，其理论依据是前人总结出来的“经脉所过，主治所及”。疏通经络的推拿操作，主要是循经取穴，手法对体表腧穴经络的直接刺激，使瘀阻的经脉通畅而发挥其正常的生理功能。此外，推拿手法的温热效应，也是推拿疏经通络的重要机制。《圣济总录·痛痹》云：“血气得温则宣流，自无壅瘀也。”《素问·举痛论》有按压背俞穴以活血通脉的记载：“寒气客于背俞之脉则脉泣，脉泣则血虚，血虚则痛。其俞注于心，故相引而痛。按之则热气至，热气至则痛止矣。”手法在体表操作，产生热效应，热能逐渐深透，温煦皮毛、筋脉、肌肉，从而加速气血运行而化瘀疏通。

二、行气活血

《素问·调经论》云：“人之所有者，血与气耳。”气、血是构成人体和维持人体生命活动的基本物质。气血运行于全身，周流不息，外而充养皮肉筋骨，内则灌溉五脏六腑，维持人体正常生命活动。气血在全身各部的输布有赖经络的运行，人体各个脏腑、组织、器官经过气血的温养、濡润后才能发挥其正常生理作用。人之生以气血为本，人之病亦无不伤及气血。《正体类要》云：“肢体损于外，则气血伤于内。”人体皮肉筋脉及关节损伤后，脉络受损，阻于脉中则气滞，游离脉外则血瘀，气滞血瘀，进而经络壅阻，气机不畅，经瘀血滞，局部经络失于濡养，可出现皮、肉、筋、脉及关节失养而萎弱不用、疼痛麻木等症。

推拿可通过对人体经络腧穴的机械刺激，直接促进局部气血运行，使肢体局部发热；同时，还可通过手法作用于机体体表所产生的温热刺激，加速经脉气血的运行，温煦机体脉络，祛除寒邪、湿气所致的凝阻、收引、黏滞之性的危害，从而有力地保障了气血的通畅。此外，手法可通过经络系统影响到脏腑及其他部位，激发脏腑生理活动，促进气机调畅和血液化生，从而使得气血得以“内溉脏腑，外濡腠理”(《灵枢·脉度》)。清代《石室秘录》亦载：“法当以人手为之按摩，则气血流通，痰病易愈。”又如《修昆仑证验》亦云：“不论大小内外病证，果能揉之，使经络气血通畅，则病无不愈者。”

三、滑利关节

关节是人体各部位活动的枢纽和轴心，主司机体运动，体现以动为用的特性。关节正常的活动除与周围的筋肉功能相关外，还与关节面的平整、关节间隙的润滑密切相关。《灵枢·本脏》中曰：“是故血和则经脉流行，营复阴阳，筋骨劲强，关节清利矣”，说明只有阴阳平衡、经络畅通、气血调和，才能保证关节滑利，筋骨强健，进而维持人体的正常生活起居和功能活动。关节因“跌仆闪失”(《医宗金鉴·正骨心法要旨》)或“湿流关节”(《伤寒论·脏腑经络先后病脉》)致筋骨关节受损，必累及气血，致脉络损伤，气滞血瘀，为肿为痛，导致关节僵硬、活动不利，迁延日久，形成粘连，将进一步限制肢体关节活动，甚至冻结、畸形，或痿废不用。

推拿手法可以通过多种途径发挥滑利关节的作用。如《备急千金要方》主张“小有不好，即按摩挼捺，令百节通利，泄其邪气”，并提出了每日“蹋脊背四肢一度”的按摩法。明代有针对全身关节的“大度关”按摩法，清代胡海鳌在《医学举隅》中提出推拿能“舒筋骨、利关节”。推拿发挥滑利关节作用的手法，除了放松关节周围软组织的手法外，常用的手法还有屈伸法、拔伸法、扳法、旋转法、摇法、抖法、踩跷法及关节松动术等，或在㨰法等手法操作中配合患者的关节被动运动，可松解粘连，增宽关节间隙、增加关节灵活度，恢复关节活动功能。

四、理筋整复

中医所说的“筋”，泛指肌肉、肌腱、筋膜、腱鞘、韧带、关节囊、滑膜、椎间盘、关节软骨盘、脂肪垫等软组织。伤筋是指以上组织的损伤，大致相当于软组织损伤。

十二经筋是经络系统的组成部分，是指与十二经脉相应的筋肉部分，其分布范围与十二经脉大体一致。“筋”，《说文解字》解作“肉之力也”，意指能产生力量的肌肉；而“腱”是“筋之本”，是筋附着于骨骼的部分。经筋各自起于四肢末端，结聚于骨骼和关节部，有的进入胸腹，但并不与脏腑直接络属。经筋的作用是约束骨骼，活动关节，保持人体正常的运动功能，维持人体正常的体位姿势。

中医的“筋”与经络系统的“经筋”密切相关。如《素问·五脏生成》有“诸筋者皆属于节”之说。《杂病源流犀烛·筋骨皮肉毛发病源流》也有“筋也者，所以束节络骨，绊肉绷皮，为一身之关纽，利全体之运动者也，其主则属于肝”“所以屈伸行动，皆筋为之”的说法。《灵枢·经脉》亦曰：“筋为刚”，言筋能约束骨骼，使人刚劲有力。筋的功能如《素问·痿论》所载“主束骨利机关”。筋主要有支持、维系、联络、运动和保护等作用。

伤筋无论是急性还是慢性，疼痛往往是其主要症状。中医认为损伤后，由于血离经脉，经脉受阻，气血流行不通，“不通则痛”。《医宗金鉴·正骨心法要旨》记载筋伤的类型有“筋强、筋柔、筋歪、筋正、筋断、筋走、筋粗、筋翻、筋寒、筋热，以及表里虚实，并所患之新旧”的不同。

推拿的理筋整复作用有两层含义。

第一层是理筋。肌肉软组织受到伤害性刺激后，在发出疼痛信号的同时，还会引起保护性的肌肉收缩、紧张乃至痉挛，出现筋结、条索等形态学改变，日久不愈，会发展成挛缩。古代有“筋聚”“筋粗”“筋急”“筋缩”“筋挛”“筋短”之称。所以理筋重在一个“松”字，筋“松”则脉“通”。推拿手法可以松解痉挛体现在：一方面可运用拔伸手法，拉长紧张、痉挛的肌肉而直接缓解肌痉挛；另一方面，可通过刺激压痛点消除痛源而间接解除肌痉挛。针对伤筋可采用㨰法、拿法、拔伸法等对紧张或痉挛的筋肌充分放松、拉伸，以舒筋通络，达到松则舒、松则痛减的目的。

第二层是整复，关键在于“复”。《引书》最早记载了以手法整复治疗“失欲”（颞颌关节脱位）。《唐六典》记载唐代按摩科的治疗范围，在“除人八疾”之外，还负责“损伤折跌者，以法正之”“欲使骨节调利，血脉宣通，即其事也”。《医宗金鉴·正骨心法要旨》强调手法为“正骨之首务”，并论述了正骨手法的正骨合缝作用：“先受风寒，后被跌打损伤，瘀聚凝结，若脊筋陇起，骨缝必错，则成伛偻之形。当先揉筋，令其和软；再按其骨，徐徐合缝，背膂始直。”四肢和脊柱的关节脱位、骨错缝，可以运用扳法、按法等手法予以整复，或运用拔伸法、摇法等手法予以调整。

五、调和脏腑

中医之脏腑包含着五脏、六腑和奇恒之腑。脏腑是化生气血、通调经络、主持人体生命活动的主要器官。《血证论》云：“业医不知脏腑，则病原莫辨，用药无方”，说明了脏腑的重要性。脏腑具有的生理功能是阴阳气血等相互协调配合作用的结果，而脏腑病理改变的基础主要是脏腑阴阳气血的失调。《杂病源流犀烛·跌仆闪挫源流》曰：“损伤之患，必由外侵内，而经络脏腑并与俱伤”，当机体损伤后势必内动于脏腑，造成其生理功能紊乱，并出现一系列病理变化。《医宗必读》中所载腰痛的病因“有寒有湿，有风热，有挫闪，有瘀血，有滞气，有痰积皆标也，肾虚其本也”。

调和脏腑主要体现在脏腑功能上，脏腑是气血生化之源，脏腑的生理功能正常，则气血化生有源，气血旺盛，精力充沛，阴平阳秘，“正气存内，邪不可干”，维持人体的活动功能正常。而人体的活动功能正常又反过来促进脏腑功能的正常，相互依存，相互为用。当脏腑功能失调时，气血化生不足，阴阳平衡失调，人体功能减退，即所谓“邪之所凑，其气必虚”。可见，脏腑功能失常，阴阳平衡失调是疾病产生的基础。

推拿手法具有调和脏腑的作用。首先，推拿采用不同刺激量的手法，以期达到“虚者补之，实者泻之，热者寒之，寒者热之，壅滞者通之，结聚者散之，邪在皮毛者汗而发之，病在半表半里者和解之”。根据疾病证候的属性来调节阴阳的偏胜偏衰，平衡脏腑，使其恢复正常的生理功能。其次，推拿施治于人体体表上的相应经络腧穴或在脏腑投影的相应体表部位施以手法，手法的刺激可激发经穴及整个经络系统的特异作用，使手法动态力的波动作用沿着经络传至所属的脏腑，可改善、恢复脏腑功能，增强抗病能力，调和阴阳，补虚泻实，使人体达到“阴平阳秘，精神乃治”（《素问·生气通天论》）的状态。如跌仆闪挫伤的疼痛多发生在胁肋少腹部位，正是因为肝在胁下，“肝足厥阴之脉……抵小腹……布胁肋”，推拿搓摩两胁便可以疏肝解郁、调畅气机、活血止痛。

应用调和脏腑这一作用时，推拿手法操作要辨证论治，依据不同的病症，在中医基础理论指导下，辨证施治，才能对脏腑功能达到不同程度的调整作用，这是推拿整体性调治作用的体现。

第二节　伤科推拿的现代作用机制

本节内容主要介绍推拿治疗伤科疾病的现代作用机制。从推拿镇痛及对肌肉骨骼系统、神经系统、免疫系统、循环系统的影响五个方面来进行阐述。通过本节学习，了解伤科推拿现代研究进展，熟悉推拿与多学科交叉科研的现状，使学生理解并掌握推拿治疗伤科疾病临床疗效发生的途径及机制，为以后更加深入地开展临床研究，提高推拿临床疗效奠定基础。

一、镇痛机制

疼痛是一个常见的临床症状。临床上，推拿治疗疾病谱中的绝大部分是痛证。推拿良好的镇痛作用已被广泛认同。目前，已知推拿镇痛的机制至少包含调节外周水平、脊髓水平、脊髓上中枢水平及心理调节四个方面。

1. 外周水平调节　在外周水平研究方面，普遍认为存在于外周组织的5-羟色胺（5-hydroxytryptamine，5-HT）、去甲肾上腺素（noradrenaline，NA）、多巴胺（dopamine，DA）等均是具有强烈致痛作用的生物活性物质。推拿镇痛机制主要体现在对外周水平各类物质的影响方面。有学者通过以四指推法为主的推拿手法治疗腰椎间盘突出症，发现患者治疗后外周血浆中P物质含量及疼痛指数测定治疗后较治疗前明显下降，认为四指推法的镇痛作用可能是通过调节外周血浆中P物质的含量，改善机体的炎症和免疫反应实现的。有学者通过研究认为推拿可以提高下丘脑内啡肽（endorphin，EP）的含量，降低缓激肽（bradykinin，BK）、5-羟色胺、去甲肾上腺素、白细胞介素（interleukin，IL）、一氧化氮（nitric oxide，NO）、内皮素（endothelin，ET）等炎性介质的含量，从而改善微循环，促使神经根内外水肿吸收，发挥消炎镇痛的作用。同时也加速了致痛物质酸性代谢产物的清除，恢复酸碱平衡，改善疼痛部位的微环境。有报道称β-内啡肽含量在慢性疼痛患者血中水平较低，而在疼痛患者相应的压痛点进行针刺和按压后获得镇痛效应时，患者血和脑脊液中的β-内啡肽含量升高，其镇痛效应与升高幅度呈正相关，提示推拿产生镇痛作用可能与内啡肽含量升高有关。

推拿手法作用于某一痛点时，可对这一治疗部位产生一系列的机械性刺激，可使局部的血液循环加快，减少血浆中致痛物质的堆积，使浓度下降，从而减轻疼痛。由于血液循环的改善，加快了机体的新陈代谢，从而也加速了致痛物质——酸性代谢产物的清除，使被损组织中的电解质恢复酸碱平衡，改善了疼痛部位的微环境，使其得以尽快修复。推拿还可以提高痛阈，局部推拿手法的操作，能使在痛觉感受器上所形成的阴阳离子键结构趋于不稳定，相应激发的神经冲动次数减少，强度减弱，促使痛刺激的强度-时间曲线向上移位，从而提高痛阈，减轻或消除疼痛。

2. 脊髓和脊髓上中枢水平调节 推拿镇痛机制，在中枢水平的研究集中体现在闸门控制学说。闸门控制理论，最初由 Melzack 和 Wall 于 1965 年提出。该学说认为，在脊髓后角存在疼痛的闸门控制系统。粗感觉神经纤维、细感觉神经纤维投射至神经胶质细胞及高级中枢传递细胞。神经胶质细胞通过突触前抑制的形式对脊髓感觉神经元发挥抑制作用。脊髓背角边缘区和胶质区对传入纤维末梢的抑制效应因粗纤维的活动而加强，并因细纤维的活动而减弱。细神经纤维兴奋能打开“闸门”，让疼痛信息通过；粗神经纤维兴奋可关闭“闸门”，阻止疼痛信息通过。粗纤维的活动可以抑制细纤维的活动已成为神经生理学的一般原则。按照这一学说，推拿的镇痛原理可能在于手法刺激激发了大量外周粗神经纤维所传导的兴奋信号的传递，关闭了“闸门”，阻止了疼痛信号的经过，从而达到镇痛的目的。

3. 心理调节 疼痛是一种复杂的生理、心理活动，包含生理性、心理性和社会性三方面的内容。目前较为普遍的认识是，推拿手法可在疼痛信号的任何传递环节上通过心理因素予以调控，其中中枢调控效应最为显著。当人体处于忧郁、悲哀等情绪中时，脑内分泌的致痛物质去甲肾上腺素、5-羟色胺的含量上升，从而使患者痛阈急剧下降。轻柔适度的手法，可通过放松肌肉而进一步放松患者的情绪；强刺激手法产生的酸、麻、重、胀感，则可振奋精神。酌情选用轻重不同的手法刺激，通过不同的神经通路均可调整患者的整体心理状态，同时通过作用于脑的边缘系统来影响网状结构，可加强中枢下行抑制系统，使脑内致痛物质含量下降，提高痛阈，达到缓解疼痛的效果。

二、对肌肉骨骼系统的影响

局部肌肉骨骼系统中的软组织损伤的病理变化主要体现在局部的无菌性炎症。局部软组织损伤在急性期可出现组织水肿、充血、渗出，在缓解期可出现局部的肌肉筋膜增生、粘连，并可在反复的损伤中继发肌腱起止点的钙化与骨化。临床及动物实验证明，推拿主要有以下作用。

1. 促进循环 推拿治疗可明显改善局部的血液循环，增加局部供氧与供血，增强新陈代谢，促进损伤部位的肉芽组织成熟、修复，减轻肌纤维之间的纤维组织增生，促进损伤组织的形态结构恢复。推拿还可促进静脉、淋巴回流，加快物质运转，也促使炎症介质的分解、稀释，使局部损伤性炎症消退。由于局部肿胀减轻，降低了组织间的压力，消除了神经末梢的刺激而使疼痛消失，有利于水肿、血肿的吸收。

2. 松解粘连　软组织损伤后，导致疼痛与运动障碍的主要原因在于瘢痕组织增生、互相粘连，以至于对神经血管束产生卡压。运动关节类推拿手法可间接松解粘连，而按、揉、弹、拨等手法则可直接分离筋膜、滑囊的粘连，促使肌腱、韧带放松，起到运动关节的作用，如对关节活动功能障碍的肩关节周围炎患者，在肩髃、臑俞等穴位施以㨰、按、揉、拨等手法并配合适当的被动运动，经过一定时间的治疗后，患者的肩关节活动度均有不同程度的改善，有些患者则完全恢复正常。还有研究用肩关节造影观察手法对肩关节粘连的作用时，发现手法治疗后肩关节囊粘连可被松解。

3. 纠正错位　在急性损伤时，可能会导致出现骨错缝、筋出槽等软组织损伤的病理状态，运用各种整复手法，使关节、肌腱各归其位，可解除对组织的牵拉、扭转、压迫刺激，以及对周围神经的异常牵拉刺激，使疼痛迅速缓解甚至消失，这是推拿相比其他治疗方法的优势所在。急性脊柱后关节错位，其棘突偏歪时，椎后小关节囊和邻近韧带产生损伤，局部功能障碍，推拿治疗可迅速纠正错位，缓解疼痛等症状；推拿对脊柱后关节滑膜嵌顿，也有立竿见影的效果。有人用X线摄片观察推拿对寰枢关节错位患者的作用，结果表明，施用颈椎旋转复位法或旋转拔伸复位法，可以恢复寰枢关节的正常解剖结构。

推拿对改变突出物的相对位置也有一定作用。大量的临床资料证明，大部分腰椎间盘突出症患者，在接受推拿手法治疗后，对突出物与神经根之间的空间关系可有改变，这是疼痛得到消除或减轻的机制之一。离体标本实验研究也证明，推拿手法可以改变突出物与神经根的相对位置，从而为临床治疗腰椎间盘突出症提供了实验证据。对关节内软骨损伤以致关节交锁不能活动者，通过适当的推拿手法，可使嵌顿的软骨归位，解除关节交锁。

4. 解除痉挛　推拿解除肌肉痉挛的机制有三个方面：一是加强局部循环，使局部组织温度升高，致痛物质含量下降；二是在适宜的手法刺激作用下，提高局部组织的痛阈；三是将紧张或痉挛的肌肉通过手法使其牵张拉长，从而直接解除其紧张或痉挛。此外，也可通过减轻或消除疼痛源而间接解除肌痉挛。由于消除了肌痉挛这一中间病理环节，疼痛得以减轻，软组织损伤得以痊愈。

三、对神经系统的影响

1. 推拿对中枢神经系统的影响　不同的推拿手法对神经系统所产生的作用也有所不同，从神经生理学观点来看，轻而缓的刺激可以兴奋周围神经而抑制中枢神经；相反，重而快的刺激可以兴奋中枢神经而抑制周围神经。研究显示，在以较强手法刺激健康人的合谷和足三里穴后，脑电图中“α”波增强，说明较强刺激推拿手法可以引起大脑皮质的抑制。在颈项部施以节律性轻柔手法同样可使脑电图“α”波增强，表明大脑皮质的电活动趋向同步化，产生较好的镇静作用，对于解除大脑的紧张和疲惫状态有较好的作用。近期研究还发现，对用线拴法制成的SD大鼠大脑中动脉阻塞再灌注模型进行推拿，可减少缺血所致的DNA双链断裂，抑制脑细胞凋亡，从而起到保护脑神经细胞的作用。还有学者以脑电图变化为观察指标，观察了500例患者在颈部推拿前后脑功能活动的变化，结果发现颈部推拿可使颈椎病患者一侧大脑皮质的兴奋范围扩大，推拿干预前后患者脑电图结果的差异显著。因此，推测颈部推拿造成了特定脑半球的皮质兴奋性改变，激活了特定的神经传导通路。

推拿还有愉悦心神、放松心身及焕发精神等作用，尤其是轻柔有节律的手法可以对下丘脑和大脑边缘系统产生良性刺激，并能通过对内源性阿片肽的影响，产生镇痛、镇静、消除焦虑、减轻情感痛苦、调节情绪、产生欣快感等心理治疗效应。

2. 推拿对周围神经系统的影响 推拿手法对周围神经系统的影响，主要体现在能改善周围神经装置及传导路径兴奋周围神经，加速其传导反射。如振颤法可使脊髓前角炎患者对感应电流不产生反应的肌肉重新产生收缩反应，并使消失的腱反射重新出现。手法还能促进神经细胞再生修复和神经纤维功能的恢复。有学者采用手术方法制造周围神经损伤的动物模型，术后对神经损伤的动物进行电针、推拿和红外线理疗三种方法治疗，结果显示周围神经损伤后电针和推拿治疗均有促进损伤神经再生、修复的作用，能有效地改善失神经肌肉的结构、代谢和功能失调状态，对失神经电位、肌肉收缩的神经干刺激阈和运动神经传导速度恢复有良好的影响；推拿对损伤中、后期酶活性的恢复有明显的促进作用。推拿不仅可以改善神经支配肌肉的结构和代谢，还具有促进神经修复和再生的作用。研究证实，手法治疗后神经纤维的发育程度更加均衡，再次发生退变的纤维数量减少。

3. 对神经递质的影响

（1）内啡肽：推拿按压可以通过激活以内源性阿片肽系统为重要中介的痛调制系统而实现镇痛。β-内啡肽是内源性阿片肽系统中镇痛作用较强的一种。实验表明，对压痛点进行按揉可使 β-内啡肽含量增加，这可能是手法镇痛作用的机制之一。

（2）5-羟色胺：推拿能影响和调节 5-羟色胺的生成、传输、代谢、分解等多个环节，最终使血液中 5-羟色胺含量降低。

（3）乙酰胆碱：推拿可加速乙酰胆碱酶的回升及升高过程，通过乙酰胆碱酶的释放促使外周乙酰胆碱的分解和失活。

（4）儿茶酚胺：推拿能降低血浆中儿茶酚胺水平，而升高尿液中儿茶酚胺水平。这与推拿镇痛效果呈明显的正相关。

四、对免疫系统的影响

推拿可以调节机体免疫功能。如对实验性接种肿瘤的小白鼠选取中脘、关元、足三里穴进行手法治疗，发现实验性小白鼠移植性肿瘤细胞的增殖被抑制，且治疗组推拿后其一般状况明显好于对照组；同时，在对小白鼠的免疫功能进行测定后发现，治疗组的自然杀伤细胞值明显高于对照组，说明推拿能有效提高机体的免疫功能，从而发挥抑制肿瘤细胞的作用。另一项研究证实，对健康者背部足太阳膀胱经施用平推法 10 分钟，可使白细胞的吞噬能力有不同程度的提高，淋转率、补体效价也增高。对苯污染造成的白细胞减少症患者，选取足三里、四花穴等进行推拿治疗后，其白细胞总数增加，白细胞吞噬指数升高，患者的临床症状和体征亦得到不同程度的改善。此外，临床研究也证实，推鼻旁、摩面、按揉风池、擦四肢等法可有效防治感冒。

五、对循环系统的影响

1. 对血管的影响 推拿手法对血管的影响，首先表现在促使毛细血管扩张，并使储备状态下的毛细血管由闭合转为开放。实验证实，推拿可引起一部分细胞内的蛋白质分解，产生组胺和类组胺物质，进而扩张毛细血管。推拿手法不仅可增加毛细血管的开放数量而且能扩大毛细血管的直径和容积，增强其渗透性，增加局部血流量，改善肢体循环，进而促进局部组织的供血和营养的改善。其次，推拿可以促进病变组织毛细血管网的重建。有研究将家兔跟腱切断后再缝合，术后一组进行推拿治疗，另一组自然愈合，结果：推拿治疗组跟腱断端间有大量的小血管生成，而自然愈合组家兔跟腱周围组织中仅有一些管壁增厚并塌陷的小血管，血管中还可见血栓形成。推拿手法还具有恢复血管壁弹性的功能，对人体体表组织的压力和所产生的摩擦力可显著增加血管壁上脂类物质的消耗和清除，减缓血管的硬化过程，对恢复血管壁的弹性，改善血管的通透性能，降低血液流动的外周阻力均有一定的作用。

2. 对血液和淋巴循环的影响

（1）加速血液流动和淋巴循环：按压血管循行部位的某些穴位，可使血管血液流动暂时隔绝，根据血流动力学原理，在按压处的近侧端，由于心脏的压力和血管壁的弹性，局部压力急骤增高，迅速放松压迫，则血液向远端骤然流去，利用这短暂的血流冲击力，有改善肢体循环的作用。有研究者在犬的粗大淋巴管内插入套管，观察到推拿后比推拿前淋巴液流动增快 7 倍；在家兔的两侧膝关节内注射墨汁，并在一侧膝关节进行推拿，发现经推拿的一侧膝关节内墨汁消失，未经推拿的一侧膝关节内墨汁依然大部分存在，可以说明推拿可增快血液循环和淋巴液循环。有人测定过患者推拿前后的皮肤温度，发现被推拿的局部及未经推拿但有某种联系的远隔部位，皮肤温度均有升高，说明推拿可使周围血管开放，血流旺盛。

有大量研究借助推拿前后人体不同部位血流量的变化，来证实推拿对血液循环的影响。有研究用脑血流阻抗技术观测了按摩耳穴对脑血流图的影响，发现推拿手法可改善椎动脉血供，降低脑血管紧张度，改善脑动脉弹性，提高搏动性血液供应强度；采用脑血流多普勒技术对颈椎病和眩晕患者治疗前后的椎基底动脉血流速度的变化进行检测，发现推拿前患者的椎动脉和基底动脉血流速度明显低于正常，而右侧椎动脉的硬化程度较左侧严重，经间歇多次颈椎牵引手法治疗后，左右椎动脉、基底动脉、小脑后下动脉的收缩峰血流速度和平均血流速度均有明显提高；另有研究表明，用推拿手法如拿揉、指拨、捏、按、搓、抖等治疗乳腺小叶增生患者，治疗前后的乳房血流图显示：原来低波幅的患者治疗后波幅显著升高，流入容积速度明显加快；中波幅患者治疗后各指标无明显差异；而高波幅患者经治疗后波幅较前显著降低，流入容积速度明显减慢，这一结果表明手法对局部血流具有双向调节作用；有研究者从微循环的角度进行研究，选择手外伤患者作推拿前后甲皱微循环变化的观察，发现推拿具有改善微循环障碍的作用。

（2）降低血液黏稠度：在瘀血状态下，血液流速降低，新陈代谢能力减弱，是引起血液黏稠度增高的原因之一，而黏稠度的增高又进一步使血液流速降低，形成恶性循环，最终使血液流变学异常。通过推拿有节律的机械刺激，可有效促进血液流动而提高血液流速，进而降低血液黏稠度。大量研究借助推拿前后对人体血液流变学的影响证实推拿可以降低血液黏稠度。推拿手法对血液流变学的影响可能是其改善血液循环的重要环节之一，故许多研究人员从血液流变学角度观察推拿手法施术前后血液流变学指数的变化。

如有人应用毛细血管黏度计测量推拿前后冠心病患者的血液流变学指标，发现无论在低切变速率下还是高切变速率下，全血黏度比均有显著降低。有研究表明，采用捻、揉、劈、散、归合、旋转等手法治疗颈椎病，其治疗前后血液流变学指标对比显示：血沉较前明显增高，血细胞比容、红细胞聚集指数、血小板聚集率、血浆黏度、低切全血黏度等指标表现为不同程度的降低，高切全血黏度变化不明显。以上结果提示手法使颈椎病患者的血液高黏滞状态明显改善，即相当于手法的活血化瘀作用。

（3）对血液成分的影响：在不同部位及穴位施加不同的推拿手法，对血液成分的影响有差异性。有研究者经临床试验证明，推拿可使健康人白细胞总数平均增加 19.7%，淋巴细胞比例升高，白细胞吞噬能力提高 34.4%。推拿前白细胞高于正常人的患者，经推拿后降低，说明推拿对白细胞有双向调节作用。有研究者对一些营养不良性贫血患儿进行捏脊后，发现患儿血红蛋白、血浆蛋白、血清中蛋白酶均有增加，认为捏脊有促进造血功能的作用。国外学者通过临床试验观察，证实腹部推拿后红细胞及血红蛋白的数量均有增加，并认为推拿是活跃介质的刺激因素。通过血生化检验证实，推拿后急性腰扭伤患者的嗜酸粒细胞明显下降。此外，推拿还有升高白细胞，降低胆固醇、β-脂蛋白的作用。

思考题

1. 从现代医学角度分析，伤科推拿如何发挥镇痛作用？
2. 从中医角度分析，为什么伤科疾病治疗要“调理脏腑”？

第二章

伤科推拿治疗常用经穴

学习目的

熟悉十二经脉的循行走向和主治病候，掌握十二经筋的循行走向、主治病候及常用腧穴的定位和主治。

经络系统由经脉和络脉组成，其中经脉包括十二经脉、奇经八脉，以及附属于十二经脉的十二经别、十二经筋、十二皮部；络脉包括十五络脉和浮络、孙络等。经络是运行全身气血，联络脏腑肢节，沟通上下内外的通路。本章主要内容包括伤科临床常用的经脉、经筋及腧穴，通过学习，掌握经筋理论及常用腧穴在伤科临床的应用，以更好地提高伤科治疗的疗效。

一、手太阴经

（一）手太阴肺经

1. 循行 手太阴肺经起于中焦，向下联络大肠，回绕沿着胃上口，通过横膈，入属于肺脏；再从肺系（肺与喉咙连系的部位）横行出来，向下沿着上臂内侧，行于手少阴经和手厥阴经的前面，下行到肘窝中，沿着前臂内侧桡侧前缘，进入腕部，沿着鱼际边缘，出拇指内侧端。其分支，于手腕后部从列缺处分出，直走向食指内侧端，与手阳明大肠经相接（图 1）。

2. 病候 缺盆部和手臂内侧前缘痛，肩背部寒冷、疼痛等经脉循行部位病症。

（二）手太阴经筋

1. 循行 手太阴之筋，起于拇指之上，循指上行，结于鱼际后；行寸口脉外侧，上行前臂，结于肘中；上循臂内侧，入腋下，出缺盆，结于肩髃部；上结于缺盆，下结胸里，分散过膈部，合于膈下，抵达季肋部（图 2）。

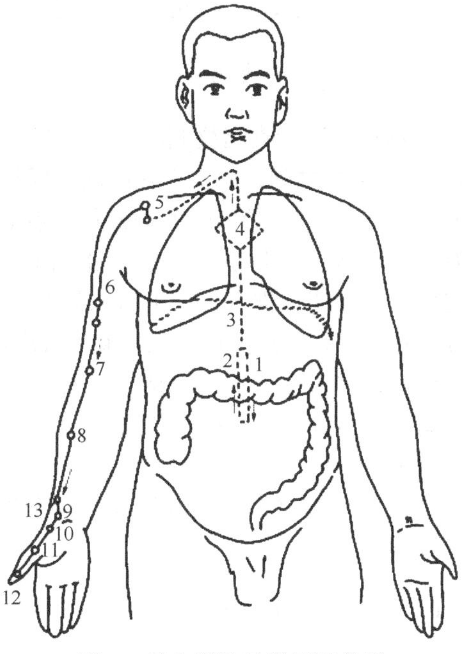

图 1 手太阴肺经循行示意图

1. 起于中焦，下络大肠；2. 还循胃口；3. 上膈；4. 属肺；5. 从肺系横出腋下；6. 下循臑内，行少阴心主之前；7. 下肘中；8. 循臂内上骨下廉；9. 入寸口；10. 上鱼；11. 循鱼际；12. 出大指之端；13. 其支者，从腕后直出次指内廉，出其端

2. 病候　经筋循行之支撑不适，拘紧掣痛；重者可成息贲病，胁肋拘急，上逆吐血。

（三）常用腧穴

云门

定位：胸前正中线旁开 6 寸，锁骨下缘处。

主治：肩关节内侧痛。

尺泽

定位：肘横纹中，肱二头肌肌腱桡侧凹陷处。

主治：肘臂挛痛。

孔最

定位：前臂掌面桡侧，尺泽与太渊连线上当腕横纹上 7 寸处。

主治：肘臂挛痛。

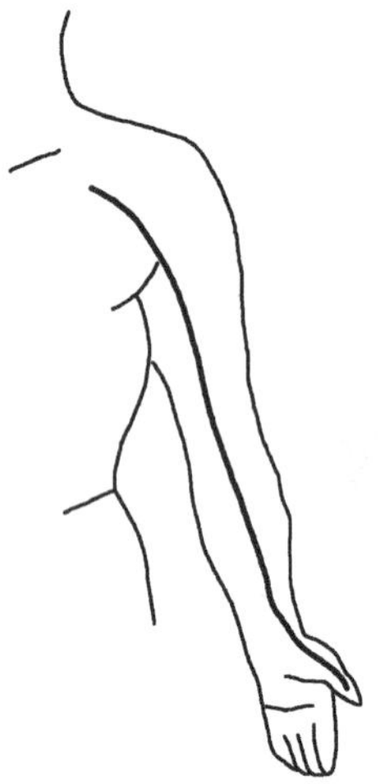

图 2　手太阴经筋循行示意图（四肢部）

列缺

定位：在前臂桡侧，桡骨茎突上方，腕横纹上 1.5 寸，当肱桡肌与拇长展肌肌腱之间。

主治：项强痛，腕痛无力。

二、手阳明经

（一）手阳明大肠经

1. 循行　起于食指桡侧端，沿食指桡侧向上，通过第 1、2 掌骨之间，向上进入两筋（拇长伸肌肌腱与拇短伸肌肌腱）之间的凹陷处，沿前臂前缘，至肘外侧，再沿上臂外侧前缘上行，上走肩端，沿肩峰前缘，向上交会于颈部的大椎穴，向下进入缺盆，联络肺脏，通过横膈，属于大肠。缺盆部支脉：从缺盆上行颈部，通过面颊，进入下齿龈，回绕至上唇，交叉于人中，左脉向右，右脉向左，分布于鼻孔两侧，与足阳明胃经相接（图 3）。

2. 病候　前臂、肘、肩关节疼痛等经脉循行部位病症。

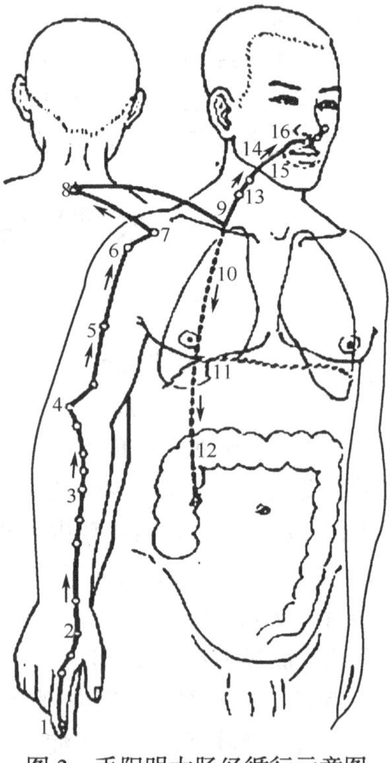

图 3　手阳明大肠经循行示意图

1. 起于大指次指之端；2. 循指上廉，出合谷两骨间，上入两筋之中；3. 循臂上廉；4. 入肘外廉；5. 上臑外前廉；6. 上肩；7.出髃骨之前廉；8.上出于柱骨之会上；9. 下入缺盆；10.络肺；11. 下膈；12. 属大肠；13. 其支者，从缺盆上颈；14. 贯颊；15. 入下齿中；16. 还出挟口，交人中，左之右，右之左，上挟鼻孔

（二）手阳明经筋

1. 循行　起于食指桡侧，结于腕部；向上循前臂，结于肘外侧；上循臂外侧，结于肩峰部。分支绕肩胛部，挟脊柱；直行者从肩峰部上颈。分支上面颊，结于颧部；直行者行于手太阳经筋之前，上额角，络头部，下对侧

颞颔部（图 4）。

2. 病候　循行之处掣痛、头痛转筋，肩不能举，颈不能左右转动。

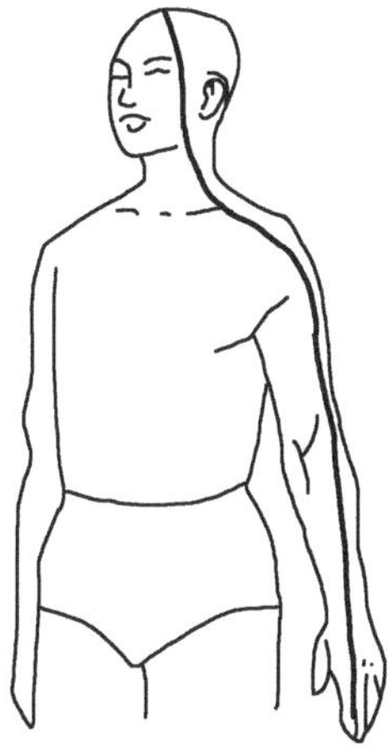
图 4　手阳明经筋循行示意图（四肢部）

（三）常用腧穴

合谷

定位：在手背，第 1、2 掌骨间，当第 2 掌骨中点桡侧。

主治：上肢疼痛、不遂。

阳溪

定位：在腕背横纹桡侧端，当拇短伸肌肌腱与拇长伸肌肌腱之间的凹陷中。

主治：臂腕疼痛。

手三里

定位：在阳溪与曲池穴连线上，当曲池穴下 2 寸处。

主治：肘臂疼痛，上肢瘫痪麻木。

曲池

定位：屈肘成直角，在肘横纹桡侧端与肱骨外上髁连线中点处。

主治：手臂肿痛无力，半身不遂。

臂臑

定位：在曲池与肩髃连线上，当曲池穴上 7 寸处。

主治：肩臂疼痛，颈项拘挛。

肩髃

定位：在肩峰与肱骨大结节之间，三角肌上部中央凹陷中。

主治：肩臂疼痛，手臂挛急，上肢不遂。

天鼎

定位：在颈外侧，胸锁乳突肌后缘，当扶突穴下 1 寸处。

主治：肩臂疼痛、麻木。

三、足阳明经

（一）足阳明胃经

1. 循行　起于鼻翼两侧，上行到鼻根部，与旁侧足太阳经交会，向下沿着鼻的外侧，进入上齿龈内，回出环绕口唇，向下交会于颏唇沟承浆穴处，再向后沿着口腮后下方，出于下颌大迎穴处，沿着下颌角颊车穴，上行耳前，经过上关，沿着发际，到达前额。面部支脉：从大迎穴前下走人迎穴，沿着喉咙，进入缺盆部，向下通过横膈，属于胃，联络脾脏。缺盆部直行支脉：经乳头，向下夹脐旁，进入少腹两侧气冲穴。胃下口部支脉：沿着腹里向下到气冲穴，再由此下行至髀关穴，直抵伏兔穴，下至膝盖，沿着胫骨外侧前缘，下经足跗，进入第 2 足趾外侧端。胫部支脉：从膝下 3 寸处分出，进入足中趾外侧。足跗部支脉：从跗上分出，进入足大趾内侧端，与足太阴脾经相接（图 5）。

2. 病候　下肢关节疼痛等经脉循行部位病症。

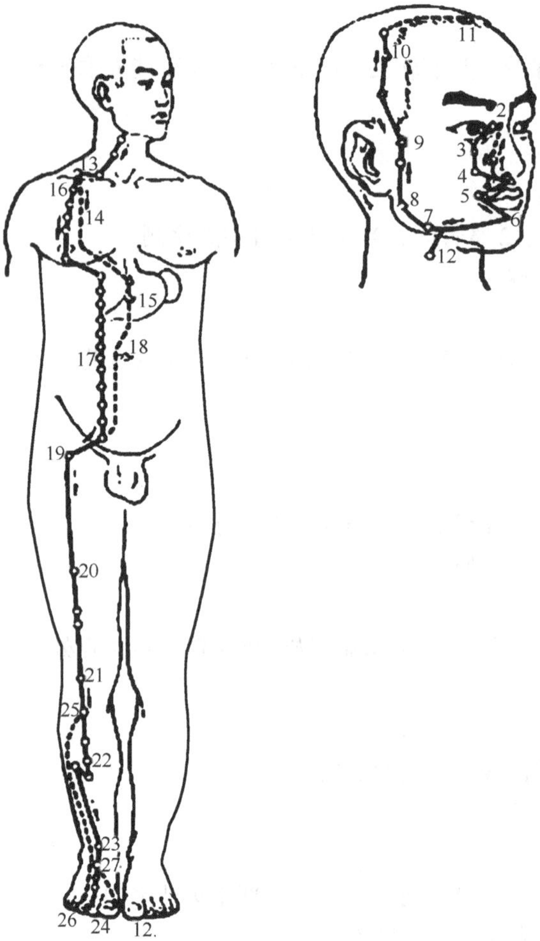

图5　足阳明胃经循行示意图

1. 起于鼻之交頞中；2. 旁纳太阳之脉；3.下循鼻外；4. 入上齿中；5. 还出挟口环唇；6. 下交承浆；7. 却循颐后下廉，出大迎；8. 循颊车；9. 上耳前，过客主人；10. 循发际；11. 至额颅；12. 其支者，从大迎前，下人迎，循喉咙；13. 入缺盆；14. 下膈；15. 属胃络脾；16. 其直者，从缺盆下乳内廉；17. 下挟脐入气街中；18.其支者，起于胃口，下循腹里，下至气街中而合；19. 以下至髀关；20. 抵伏兔；21.下膝髌中；22.下循胫外廉；23.下足跗；24.入中趾内间；25. 其支者，下廉三寸而别；26.下入中趾外间；27. 其支者，别跗上，入大趾间，出其端

（二）足阳明经筋

1. 循行　起于足次趾、中趾及无名趾，结于足背部；斜向外行附于腓骨，上结于膝外侧；直行者上结于大转子；向上循胁部，联系脊柱部。直行者沿胫骨，结于膝部；分支结于腓骨部，合于足少阳经筋；直行者沿伏兔穴上行，结于大腿部，聚于会阴部。上向腹部而分布至缺盆处聚结。再向上至颈部，夹口旁，回合于鼻旁颧部，向下结于鼻，向上合足太阳经筋。另一支，从颊结于耳前部（图6）。

2. 病候　足中趾活动障碍、转筋，足部活动不利，股前拘紧疼痛，髀前部肿胀。

（三）常用腧穴

髀关

定位：在髂前上棘与髌骨底外缘连线上，平臀沟处。

主治：髀股痿痹，下肢不遂，腰腿疼痛，筋急拘挛，屈伸不利。

伏兔

定位：在髂前上棘与髌骨底外缘连线上，当髌骨外上缘上 6 寸处。

主治：腰膝冷痛，下肢麻痹。

阴市

定位：在髂前上棘与髌骨底外缘连线上，当髌骨底上 3 寸处。

主治：膝关节痛，下肢屈伸不利，腰痛，下肢不遂。

梁丘

定位：在髂前上棘与髌骨底外缘连线上，当髌骨底上 2 寸处。

主治：膝关节肿痛，屈伸不利，下肢不遂。

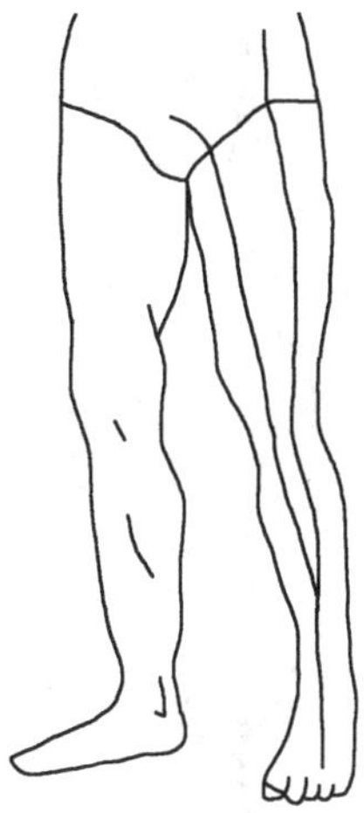

图 6　足阳明经筋循行示意图（四肢部）

足三里

定位：在小腿前外侧，当犊鼻穴下 3 寸，距胫骨前缘 1 横指处（中指）。

主治：膝关节痛，下肢不遂。

上巨虚

定位：在小腿前外侧，当犊鼻穴下 6 寸，距胫骨前缘 1 横指处。

主治：下肢痿痹。

条口

定位：在小腿前外侧，当犊鼻穴下 8 寸，距胫骨前缘 1 横指处。

主治：肩臂不得举，下肢冷痛，转筋。

下巨虚

定位：在小腿前外侧，当犊鼻穴下 9 寸，距胫骨前缘 1 横指处。

主治：腰脊痛，下肢痿痹。

丰隆

定位：在小腿前外侧，当外踝尖上 8 寸，条口穴外，距胫骨前缘 2 横指处。

主治：下肢痿痹。

四、足太阴经

（一）足太阴脾经

1. 循行　起于足大趾末端，沿着大趾内侧赤白肉际，经过大趾本节后的第 1 跖趾关节后面，上行至内踝前面，再上腿肚，沿着胫骨后面，交出足厥阴经的前面，经膝股部内侧前缘，进入腹部，属于脾脏，联络胃，通过横膈上行，咽部两旁，连系舌根，分散于舌下。胃部支脉：向上通过横膈，流注于心中，与手少阴心经相接（图 7）。

2. 病候　踝关节痛、膝关节痛等经脉循行部位的其他病症。

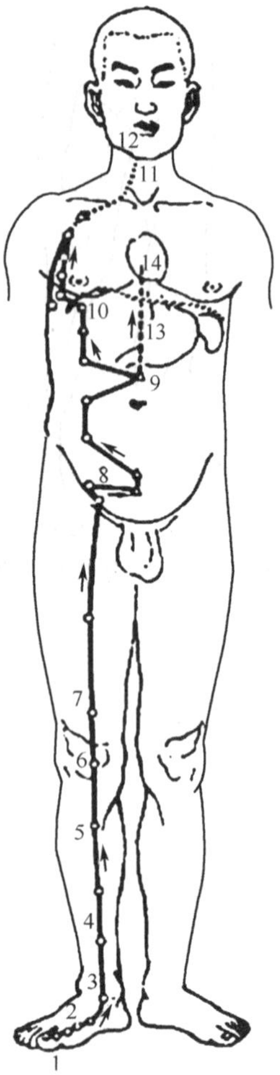

图 7　足太阴脾经循行示意图

1. 起于大趾之端，循趾内侧白肉际；2. 过核骨后；3. 上内踝前廉；4. 上腨内；5. 循胫骨后；6. 交出厥阴之前；7. 上膝股内前廉；8. 入腹；9. 属脾络胃；10. 上隔；11. 挟咽；12. 连舌本散舌下；13. 其支者，复从胃别上膈；14. 注心中

（二）足太阴经筋

1. 循行　起于大趾内侧端，上行结于内踝。向上直行结于胫骨内侧髁，向上沿着大腿内侧结于股前，聚于阴部。向上至腹部，结于脐，沿腹内结于肋骨，散布胸中，内侧的经筋附于脊柱（图 8）。

2. 病候　足大趾活动障碍，内踝痛，转筋，膝内辅骨痛，股内侧牵引髀部痛，阴器抽痛，向上牵引脐部及两胁作痛，牵引胸中和脊内疼痛。

（三）常用腧穴

三阴交

定位：在小腿内侧，当足内踝尖上 3 寸，胫骨内侧缘后方。

主治：下肢痿痹。

地机

定位：在小腿内侧，当内踝尖与阴陵泉穴的连线上，阴陵泉穴下 3 寸。

主治：下肢痿痹。

阴陵泉

定位：在小腿内侧，当胫骨内侧髁下缘凹陷中。

主治：膝痛。

血海

定位：屈膝，在髌骨底内上缘上 2 寸处。简易取穴法：患者屈膝，医者以左手掌心按于患者右膝髌骨上缘，第 2～5 指向上伸直，拇指成 45°斜置按下，当拇指尖下即是本穴。对侧取法仿此，以右手掌心按患者左膝取之。

主治：膝痛，股内侧痛。

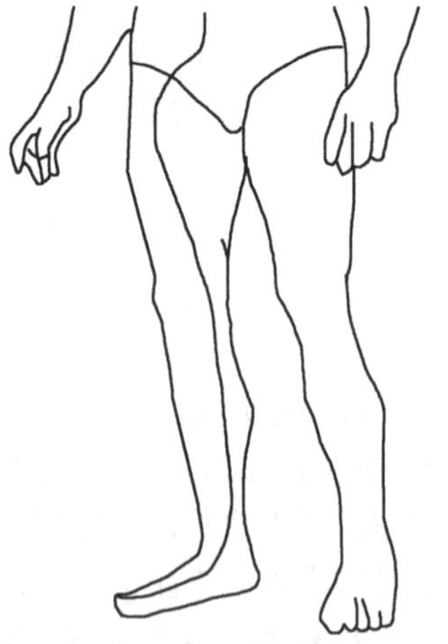

图 8　足太阴经筋循行示意图（四肢部）

大包

定位：在胸胁部腋中线上，当第 6 肋间隙处。

主治：胁肋痛，全身疼痛，四肢无力。

五、手少阴经

（一）手少阴心经

1. 循行　起于心中，出属“心系”（心与其他脏器相联系的部位），通过横膈，联络小肠。“心系”向上支脉：夹着咽喉上行，连系于“目系”（眼球连系于脑的部位）。“心系”直行支脉：上行于肺部，再向下出于腋窝部，沿着上臂内侧后缘，行于手太阴经和手厥阴经的后面，到达肘窝，沿前臂内侧后缘，至掌后豌豆骨部，进入掌内，沿小指内侧至末端，与手太阳小肠经相接（图 9）。

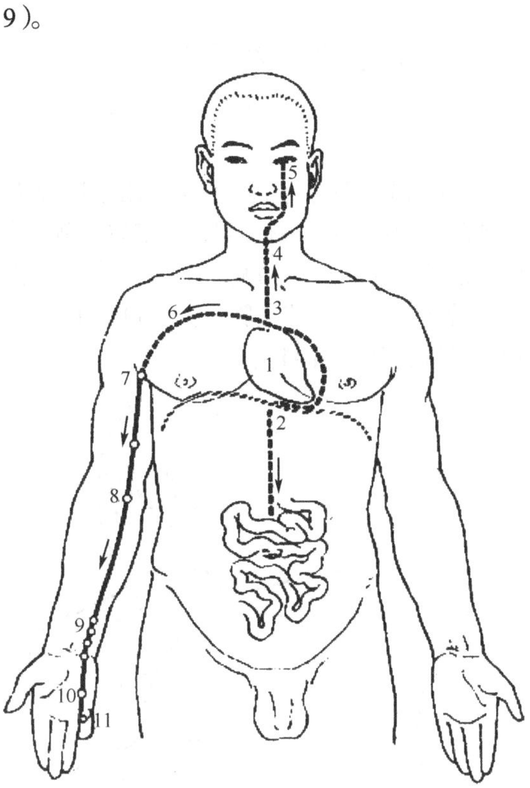

图 9　手少阴心经循行示意图

1. 起于心中，出属心系；2. 下膈，络小肠；3. 其支者，从心系；4. 上挟咽；5. 系目系；6. 其直者，复从心系却上肺，下出腋下；7. 下循臑内后廉，行手太阴、心主之后；8. 下肘内，循臂内后廉；9. 抵掌后锐骨之端；10. 入掌内后廉；11. 循小指之内，出其端

2. 病候　上臂内侧痛，手心发热等。本经腧穴主治心、胸、神志病和经脉循行部位的其他病症。

（二）手少阴经筋

1. 循行　起于小指内侧，结于掌后豌豆骨，向上结于肘内侧，上入腋内，交手太阴经筋，伏行于乳里，结聚于胸中，沿膈下行，联系脐部（图 10）。

2. 病候　循行之处支撑不适、转筋、疼痛。

（三）常用腧穴

通里

定位：在前臂掌侧，当尺侧腕屈肌肌腱桡侧缘，腕横纹上 1 寸处。

主治：腕臂痛。

神门

定位：在腕掌侧横纹尺侧端，尺侧腕屈肌肌腱桡侧凹陷中。

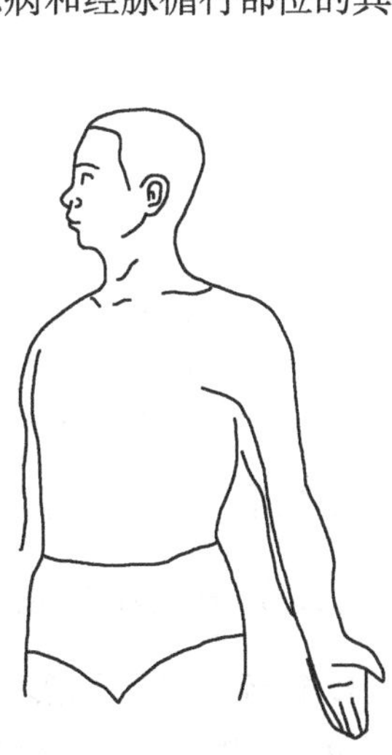

图 10　手少阴经筋示意图（四肢部）

主治：腕臂痛。

六、手太阳经

（一）手太阳小肠经

1. 循行 起于手小指外侧端，沿着手背外侧至腕部，出于尺骨茎突，直上沿着前臂外侧后缘，经尺骨鹰嘴与肱骨内上髁之间，沿上臂外侧后缘，出于肩关节，绕行肩胛部，交会于大椎，向下进入缺盆部，联络心脏，沿着食管，通过横膈，到达胃部，属于小肠。缺盆部支脉：沿着颈部，上达面颊，至目外眦，转入耳中。颊部支脉：上行目眶下，抵于鼻旁，至目内眦，与足太阳膀胱经相接，而又斜行络于颧骨部（图 11）。

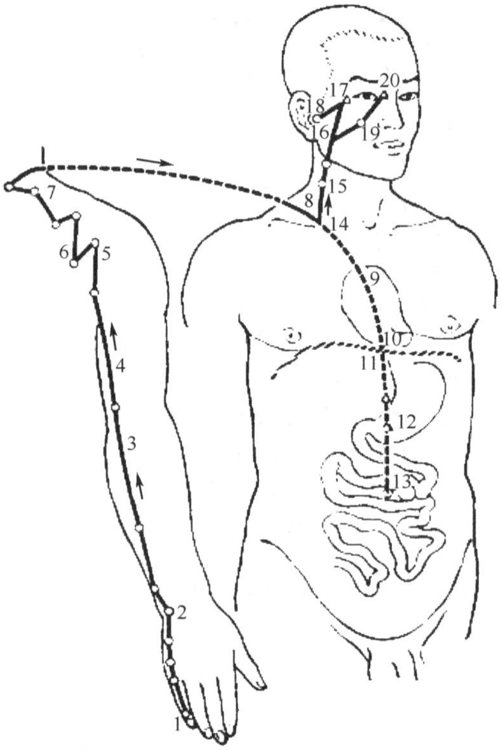

图 11 手太阳小肠经循行示意图

1. 起于小指之端；2. 循手外侧上腕，出踝中；3. 直上循臂骨下廉，出肘内侧两筋之间；4. 上循臑外后廉；5. 出肩解；6. 绕肩胛；7. 交肩上；8. 入缺盆；9. 络心；10. 循咽；11. 下膈；12. 抵胃；13. 属小肠；14. 其支者，从缺盆；15. 循颈；16. 上颊；17. 至目锐眦；18. 却入耳中；19. 其支者，别颊上，抵鼻；20. 至目内眦，斜络于颧

2. 病候 腰脊痛引睾丸，肩臂外侧后缘痛等经脉循行部位的其他病症。

（二）手太阳经筋

1. 循行 起于小指之上，结于腕背部，向上沿前臂内侧，结于肱骨内上髁后，手弹该处有感传至手小指上。上行结于腋下。分支行腋后侧，上绕肩胛部，沿颈旁行至足太阳经筋前方，结于耳后乳突部，分支入耳中；直行者出于耳上，向下结于下额部，上属目外眦（图 12）。

2. 病候　手小指活动障碍、疼痛、肘内锐骨后边痛，沿臂的内侧、上至腋下及腋下后侧等处疼痛。绕肩胛牵引颈部疼痛，感觉耳鸣及疼痛，疼痛牵引颔部，视力不足。

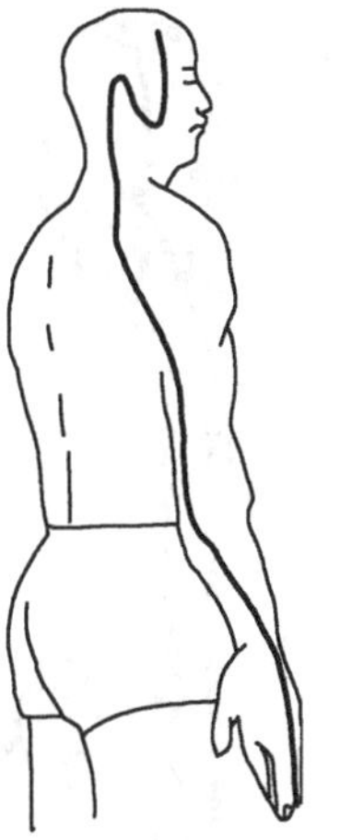

图 12　手太阳经筋循行示意图（四肢部）

（三）常用腧穴

后溪

定位：微握拳，在第 5 掌指关节后尺侧，掌横纹头赤白肉际处。

主治：手指及肘臂挛痛，落枕，腰背痛。

养老

定位：以掌向胸，在尺骨茎突桡侧缘凹陷中。

主治：肩、背、肘、臂酸痛，急性腰痛。

支正

定位：在前臂外侧后缘，当阳谷与小海穴连线上，阳谷穴上 5 寸处。

主治：项强，肘臂挛痛，手指痛。

小海

定位：在肘内侧，当尺骨鹰嘴与肱骨内上髁之间凹陷处。

主治：肘臂疼痛。

臑俞

定位：腋后皱襞缝纹直上，当肩胛冈下缘凹陷中。

主治：肩臂疼痛。

天宗

定位：在肩胛骨冈下窝的中央，上 1/3 与下 2/3 交点处。

主治：肩胛疼痛，肩臂外后侧痛，落枕，颈肩腰背痛。

秉风

定位：在肩胛骨冈上窝中央，当天宗穴直上，举臂有凹陷处。

主治：肩臂疼痛，上肢酸麻、不举，咳嗽。

曲垣

定位：在肩胛骨冈上窝内侧端，当臑俞与第 2 胸椎棘突连线的中点处。

主治：肩背痛、肩胛部拘挛疼痛。

肩外俞

定位：在 T_1 棘突下，旁开 3 寸处。

主治：肩背酸痛，颈项强急，肘臂冷痛。

肩中俞

定位：在 C_7 棘突下，旁开 2 寸处。

主治：肩背疼痛，落枕。

七、足太阳经

（一）足太阳膀胱经

1. 循行　起于目内眦，上额，交会于巅顶。巅顶部支脉：从头顶到颞颥部。巅顶部直行支

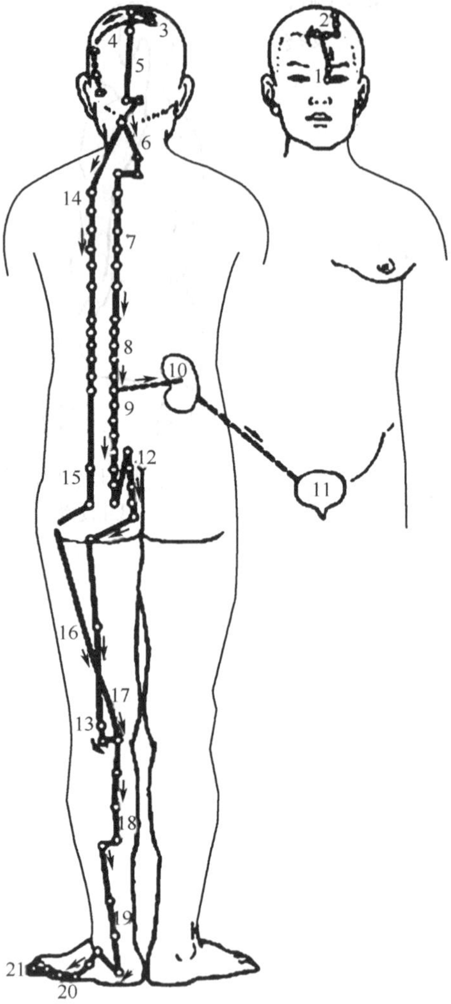

图 13　足太阳膀胱经循行示意图

1. 起于目内眦；2. 上额；3. 交巅；4. 其支者，从巅至耳上角；5. 其直者，从巅入络脑；6. 还出别下项；7. 循肩膊内，挟脊；8. 抵腰中；9. 入循膂；10. 络肾；11. 属膀胱；12. 其支者，从腰中下挟脊贯臀；13. 入腘中；14. 其支者，从髆内左右，别下贯胛，挟脊内；15. 过髀枢；16. 循髀外从后廉；17. 下合腘中；18. 以下贯踹（腨）内；19. 出外踝之后；20. 循京骨；21. 至小指外侧

主治：颈项拘急，肩背痛。

三焦俞

定位：在 L_1 棘突下，旁开 1.5 寸处。

主治：胸胁痛，腰背痛。

肾俞

定位：在 L_2 棘突下，旁开 1.5 寸处。

主治：腰背酸痛。

脉：从头顶入里联络于脑，回出分开下行项后，沿着肩胛部内侧，夹着脊柱，到达腰部，从脊旁肌肉进入体腔，联络肾脏，属于膀胱。腰部支脉：向下通过臀部，进入腘窝中。后项支脉：通过肩胛骨内缘直下，经过臀部下行，沿着大腿后外侧，与腰部下来的支脉会合于腘窝中，从此向下，通过腓肠肌，出于外踝的后面，沿着第 5 跖骨粗隆，至小趾外侧端，与足少阴经相接（图 13）。

2. 病候　项、背、腰、臀部及下肢后侧本经循行部位疼痛等。

（二）足太阳经筋

1. 循行　起于足小趾，向上结于外踝，斜向上结于膝部；向下者沿足外侧结于足跟，向上沿跟腱结于腘部；其分支结于小腿部，向上经腘内侧，与腘部并行向上结于臀部。向上夹脊柱旁，上后项；分支结于舌根。直行者结于枕部，上达头部，向下至颜面部，结于鼻部。其分支为目上纲，向下结于鼻旁。另一分支从腋后外侧结于肩髃部。其分支入腋下，向上出缺盆，向上结于完骨。再一分支从缺盆出，斜向上结于鼻旁（图 14）。

2. 病候　足小趾掣痛，脚跟肿痛，骨节挛急，脊强反折、项肌拘急，肩不能举，腋掣痛，缺盆部抽痛，不能左右转动。

（三）常用腧穴

天柱

定位：在后发际正中直上 0.5 寸（哑门穴）旁开 1.3 寸，当斜方肌外缘凹陷处。

主治：项强，肩背痛。

大杼

定位：在 T_1 棘突下，旁开 1.5 寸处。

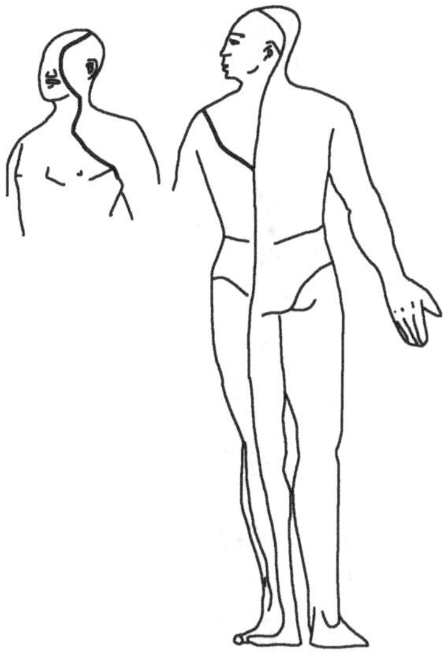
图 14　足太阳经筋循行示意图（四肢部）

气海俞

定位：在 L_3 棘突下，旁开 1.5 寸处。

主治：腰痛。

大肠俞

定位：在 L_4 棘突下，旁开 1.5 寸处。

主治：腰脊疼痛。

关元俞

定位：在 L_5 棘突下，旁开 1.5 寸处。

主治：腰痛。

小肠俞

定位：在骶正中嵴旁 1.5 寸，平第 1 骶后孔处。

主治：腰腿痛。

膀胱俞

定位：在骶正中嵴旁 1.5 寸，平第 2 骶后孔处。

主治：腰骶疼痛。

中膂俞

定位：在骶正中嵴旁 1.5 寸，平第 3 骶后孔处。

主治：腰脊、骶部强痛。

白环俞

定位：在骶正中嵴旁 1.5 寸，平第 4 骶后孔处。

主治：腰骶痛。

次髎

定位：在髂后上棘与后正中线连线中点处，当第 2 骶后孔中。

主治：腰痛，下肢痿痹。

承扶

定位：在臀下横纹中点处。

主治：腰骶臀股疼痛。

殷门

定位：在承扶穴与委中穴连线上，当承扶穴下 6 寸处。

主治：腰腿痛，下肢痿痹。

委中

定位：在腘横纹中点，当股二头肌肌腱与半腱肌肌腱的中间。

主治：腰痛，下肢痿痹，半身不遂。

秩边

定位：在臀部，平第 4 骶后孔，骶正中嵴旁开 3 寸处。

主治：腰骶痛，下肢痿痹。

合阳

定位：在小腿后面，当委中穴与承山穴的连线上，委中穴下 2 寸处。

主治：腰脊强痛，下肢痿痹。

承山

定位：在小腿后面正中，委中穴与昆仑穴之间，当伸直小腿或足跟上提时腓肠肌肌腹下出现尖角凹陷处。

主治：腰背痛，小腿转筋，下肢瘫痪。

飞扬

定位：在小腿后面，当外踝后昆仑穴直上 7 寸，承山穴外下方 1 寸处。

主治：腰背痛，腿软无力。

昆仑

定位：在外踝尖与跟腱之间凹陷处。

主治：项强，肩背拘急，腰痛，脚跟痛。

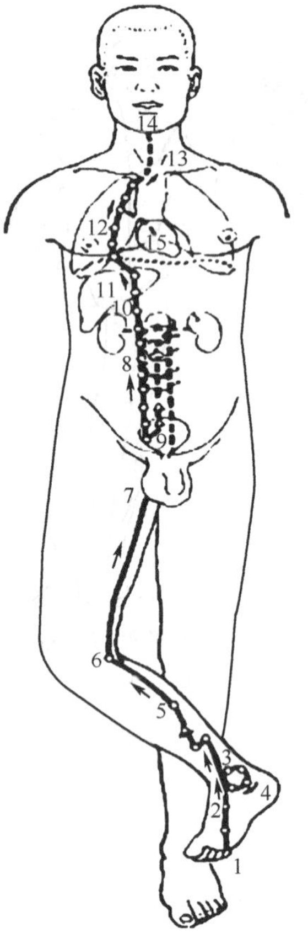

图 15　足少阴肾经循行示意图

1. 起于小趾之下，邪走足心；2. 出于然谷之下；3. 循内踝之后；4. 别入跟中；5. 以上踹（应为腨）内；6. 出腘内廉；7. 上股内后廉；8. 贯脊属肾；9. 络膀胱；10. 其直者，从肾；11. 上贯肝膈；12. 入肺中；13. 循喉咙；14. 挟舌本；15. 其支者，从肺出络心，注胸中

八、足少阴经

（一）足少阴肾经

1. 循行　起于足小趾之下，斜向足心，出于舟骨粗隆下，沿内踝后，进入足跟，再向上行于腿肚内侧，出腘窝的内侧向上行股内后缘，通向脊柱，属于肾脏（腧穴通路：还出于前，向上行腹部前正中线旁开 0.5 寸，胸部前正中线旁开 2 寸，终止于锁骨下缘俞府穴处），联络膀胱。肾脏部直行支脉：从肾，向上通过肝和横膈，进入肺中，沿着喉咙，夹于舌根部。肺部支脉：从肺部出来，联络心脏，流注于胸中，与手厥阴心包经相接（图 15）。

2. 病候　腰痛，脊股内后侧痛，痿弱无力等经脉循行部位的其他病症。

（二）足少阴经筋

1. 循行　起于足小趾之下，入足心，与足太阴经筋并行斜走内踝下，结于足跟，与足太阳经筋会合；上结于胫骨内踝下，与足太阴经筋并行向上，沿大腿内侧，结于阴部，沿脊旁肌肉夹脊，向上至项部，结于枕骨部，与足太阳经筋会合（图 16）。

2. 病候　阳病角弓反张，阴病不能后仰。

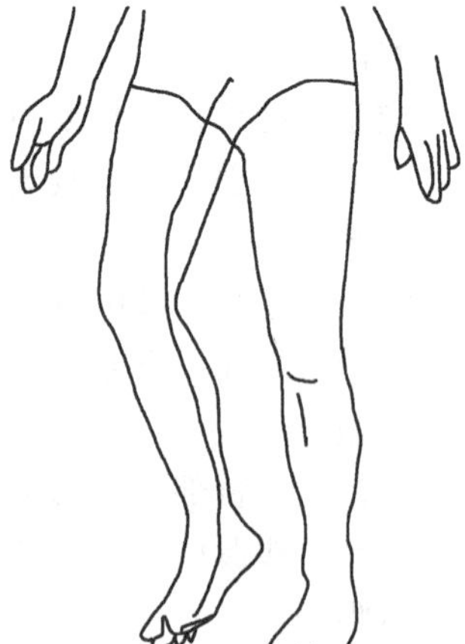

图 16　足少阴经筋循行示意图（四肢部）

（三）常用腧穴

太溪

定位：在足内踝尖与跟腱之间的凹陷处。

主治：腰脊痛，下肢厥冷，内踝肿。

照海

定位：在足内踝下缘凹陷中。

主治：下肢痿痹。

筑宾

定位：在太溪穴与阴谷穴连线上，当太溪穴上 5 寸处。

主治：小腿内侧痛。

九、手厥阴经

（一）手厥阴心包经

1. 循行　本经自胸中起始，出来属于心包络，向下贯穿膈肌，联络上、中、下三焦。分支从胸中出走胁部，在腋下 3 寸的部位（天池穴）又向上行至腋窝下面。沿上臂前边，行走在手太阴肺经和手少阴心经之间，进入肘中（曲泽穴），下行前臂两筋（桡侧腕屈肌肌腱与掌长肌肌腱）的中间，进入掌中，沿中指出其末端（中冲穴）。另一条支脉，从掌中分出，出无名指尺侧端（关冲穴）。脉气由此与手少阳三焦经相接（图 17）。

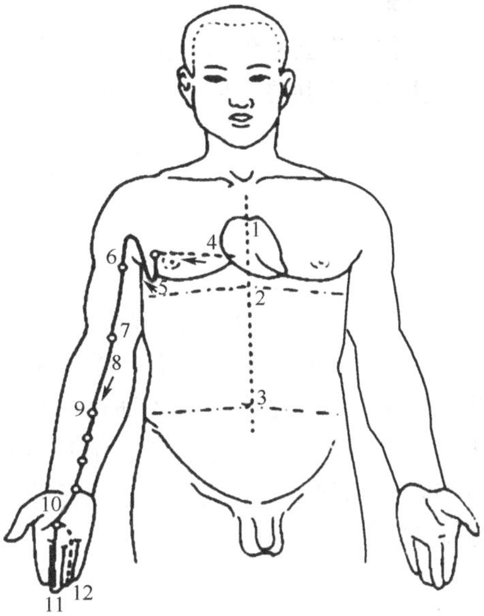

图 17　手厥阴心包经循行示意图

1. 起于胸中，出属心包络；2. 下膈；3. 历络三焦；4. 其支者，循胸；5. 出胁，下腋三寸；6. 上抵腋下；7. 循臑内，行太阴、少阴之间；8. 入肘中；9. 下臂，行两筋之间；10. 入掌中；11. 循中指，出其端；12. 其支者，别掌中，循小指次指，出其端

2. 病候　前臂和肘部拘挛疼痛等经脉循行部位的其他病症。

（二）手厥阴经筋

1. 循行　起于中指，与手太阴经筋并行，结于肘内侧；经上臂内侧，结于腋下，分散前后挟两胁。分支进入腋内，布散胸中，结于膈部（图 18）。

2. 病候　经筋循行部位僵滞不适，转筋。

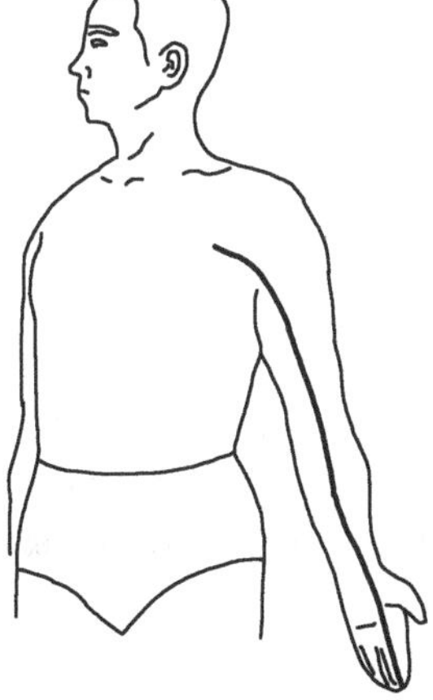

图 18　手厥阴经筋循行示意图（四肢部）

（三）常用腧穴

曲泽

定位：在肘横纹中，当肱二头肌肌腱尺侧缘。

主治：肘臂挛痛。

间使

定位：在曲泽穴与大陵穴连线上，当腕横纹上 3 寸，掌长肌肌腱与桡侧腕屈肌肌腱之间。

主治：臂痛。

内关

定位：在腕横纹上 2 寸，掌长肌肌腱与桡侧腕屈肌肌腱之间。

主治：上肢痹痛，偏瘫。

大陵

定位：在腕掌侧横纹正中，掌长肌肌腱与桡侧腕屈肌肌腱之间。

主治：胸胁痛，桡腕关节疼痛。

十、手少阳经

（一）手少阳三焦经

1. 循行 起于无名指末端，向上出于第 4、5 掌骨间，沿着腕背，出于前臂外侧桡骨和尺骨之间，向上通过肘尖，沿上臂外侧，上达肩部，交出足少阳经的后面，向前进入缺盆部，分布于胸中，联络心包，向下通过横膈，从胸至腹，属于上、中、下三焦。胸中支脉：从胸向上，出于缺盆部，上走项部，沿耳后直上，出于耳部上行额角，再屈而下行至面颊部，到达眶下部。耳部支脉：从耳后进入耳中，出走耳前，与前脉交叉于面颊部，到达目外眦，与足少阳胆经相接（图 19）。

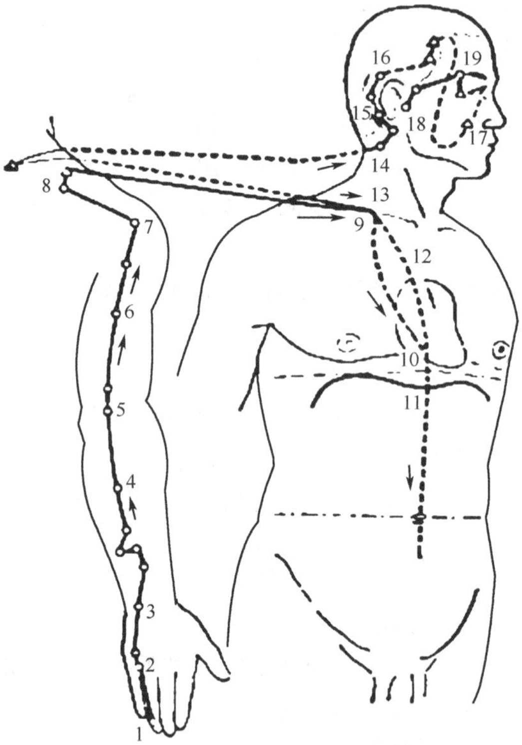

图 19　手少阳三焦经循行示意图

1. 起于小指次指之端；2. 上出两指之间；3. 循手表腕；4. 出臂外两骨之间；5. 上贯肘；6. 循臑外；7. 上肩；8. 而交出足少阳之后；9. 入缺盆；10. 布膻中，散落心包；11. 下膈，循属三焦；12. 其支者，从膻中；13. 上出缺盆；14. 上项；15. 系耳后；16. 直上出耳上角；17. 以屈下颊至“𩒨”；18. 其支者，从耳后入耳中，出走耳前，过客主人，前交颊；19. 至目锐眦

2. 病候 肩臂肘部外侧疼痛等经脉循行部位的其他病症。

（二）手少阳经筋

1. 循行 起于无名指末端，结于腕背；上沿前臂外侧，结于肘尖；上行绕上臂外侧，上肩部，经过颈部，与手太阳经筋会合。其分支在上颔角处进入，联系舌根；其支者向上到达下颌关节处，沿着耳前连目外眦，上达颞部，结于额角（图 20）。

2. 病候　循行之处掣强、转筋。

图 20　手少阳经筋循行示意图（四肢部）

（三）常用腧穴

中渚

定位：在手背第 4、5 掌指关节之间后方凹陷中，液门穴后 0.1 寸处。握拳取穴。

主治：手指不能屈伸，落枕。

阳池

定位：在腕背横纹中，当指伸肌肌腱的尺侧缘凹陷处。

主治：臂腕痛。

外关

定位：在阳池穴与肘尖的连线上，腕背横纹上 2 寸，尺骨与桡骨之间。

主治：胁肋痛，上肢痹痛。

会宗

定位：在腕背横纹上 3 寸，支沟穴尺侧约 1 寸，当尺骨桡侧缘处。

主治：上肢痹痛。

臑会

定位：在肘尖与肩髎穴连线上，当肩髎穴下 3 寸，三角肌后下缘处。

主治：上肢痹痛。

肩髎

定位：在肩峰后下方，上臂外展平举时，当肩髃穴后约 1 寸凹陷中。

主治：臂痛，肩重不能举。

十一、足少阳经

（一）足少阳胆经

1. 循行　起于目外眦，向上到达额角部，下行到耳后，沿着颈部行于手少阳经的前面，到肩上交出手少阳经的后面，向下进入缺盆部。耳部支脉：从耳后进入耳中，出走耳前，到目外眦后方。外眦部支脉：从目外眦处分出，下走大迎，会合于手少阳经到达目眶下，下行经颊车，由颈部向下会合前脉于缺盆，然后向下进入胸中，通过横膈，联络肝脏，属于胆，沿着胁肋内，出于少腹两侧腹股沟动脉部，经过外阴部毛际，横行入髋关节部。缺盆部直行支脉：下行腋部，沿着侧胸部，经过季胁，向下会合前脉于髋关节部，再向下沿着大腿的外侧，出于膝外侧，下行经腓骨前面，直下到达腓骨下段，再下到外踝的前面，沿足背部，进入足第 4 趾外侧端。足背部支脉：从足临泣穴处分出，沿着第 1、2 跖骨之间，出于大趾端，穿过趾甲，回过来到趾甲后的毫毛部，与足厥阴肝经相接（图 21）。

2. 病候　胸、胁股及下肢外侧痛，足外侧痛等经脉循行部位的其他病症。

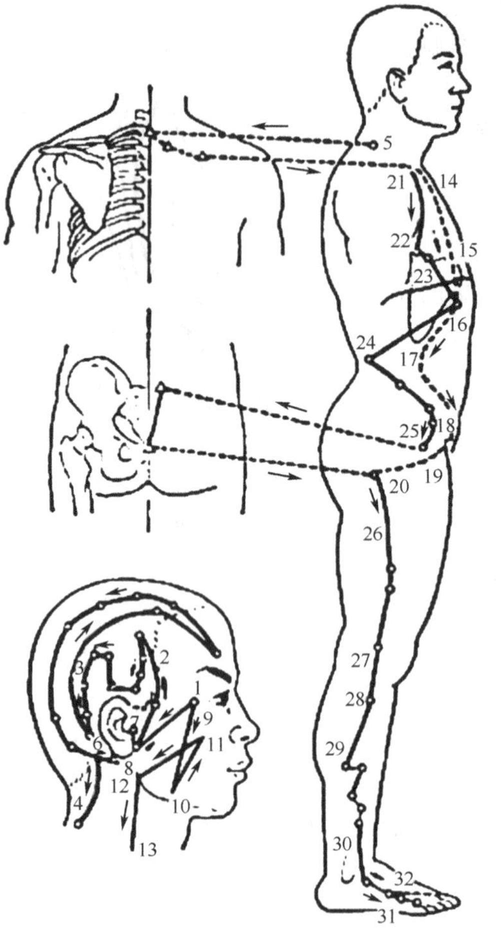

图 21　足少阳胆经循行示意图

1. 起于目锐眦；2. 上抵头角；3. 下耳后；4. 循颈，行手少阳之前，至肩上却交出手少阳之后；5. 入缺盆；6. 其支者，从耳后入耳中；7. 出走耳前；8. 至目锐眦后；9. 其支者，别锐眦；10. 下大迎；11. 合于手少阳，抵于；12. 下加颊车；13. 下颈，合缺盆；14. 以下胸中贯膈；15. 络肝；16. 属胆；17. 循胁里；18. 出气街；19. 绕毛际；20. 横入髀厌中；21. 其直者，从缺盆；22. 下腋；23. 循胸；24. 过季胁；25. 下合髀厌中；26. 以下循髀阳；27. 出膝外廉；28. 下外辅骨之前；29. 直下抵绝骨之端；30. 下出外踝之前，循足跗上；31. 入小趾次指之间；32. 其支者，别跗上，入大指之间，循大指歧骨内，出其端，还贯爪甲，出三毛

（二）足少阳经筋

1. 循行　起于第 4 趾，上结于外踝，向上沿胫外侧结于膝外侧。其分支另起于腓骨部，上走大腿外侧，前者结于伏兔穴，后者结于骶部。直行者经季胁部，上走腋前，联系胸部与乳房，结于缺盆穴。直行者上出腋部，过缺盆穴，出走太阳经筋之前，沿耳后绕至额角，会于头顶，下走下颔，上结于鼻旁。分支结于目外眦，为外维（图 22）。

2. 病候　足次趾掣强、转筋、牵引膝外侧转筋、膝不能伸。腘窝筋急，前面牵连髀部，后面牵引尻部。向上到胁下，季胁部疼痛，上面牵拉缺盆穴、乳根、颈部维筋拘急。

（三）常用腧穴

风池

定位：在胸锁乳突肌与斜方肌上端之间凹陷中与风府穴相平处。

主治：颈项强痛。

肩井

定位：在肩上，当大椎穴与肩峰穴连线中点处。简易取穴法：左手搭右肩，中指尖下取穴。

主治：头项强痛，肩背疼痛，上肢不遂。

居髎

定位：在髂前上棘与股骨大转子高点连线的中点处。

主治：腰痛，下肢痿痹。

环跳

定位：侧卧屈股，在股骨大转子高点与骶管裂孔连线的外 1/3 与内 2/3 交界处。

主治：腰胯疼痛，半身不遂，下肢痿痹。

风市

定位：在大腿外侧部的中线上，当腘横纹上 7 寸处。简易取穴法：直立垂手时，中指尖在大腿外侧中线所点之处，即是本穴。

主治：半身不遂，下肢痿痹。

膝阳关

定位：在膝外侧，当阳陵泉穴上 3 寸，股骨外上髁上方的凹陷处。

主治：膝腘肿痛挛急，小腿麻木。

阳陵泉

定位：在小腿外侧，当腓骨头前下方凹陷处。

主治：胁痛，半身不遂，下肢痿痹。

外丘

定位：在外踝尖上 7 寸，腓骨前缘平阳交穴处。

主治：颈项强痛，下肢痿痹。

悬钟

定位：在外踝尖上 3 寸，腓骨前缘处。

主治：项强，胸胁胀痛，下肢痿痹，半身不遂。

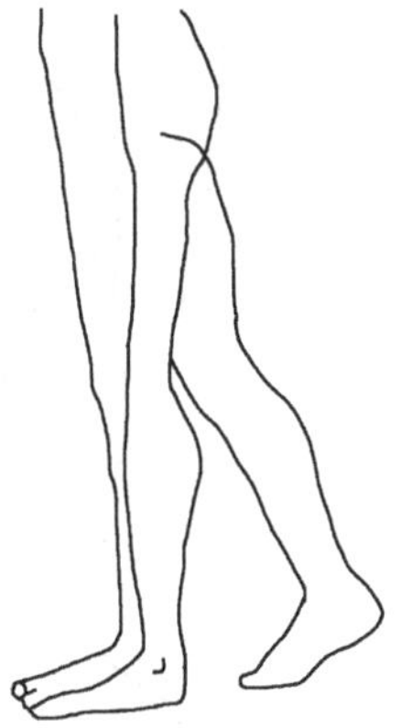

图 22　足少阳经筋循行示意图（四肢部）

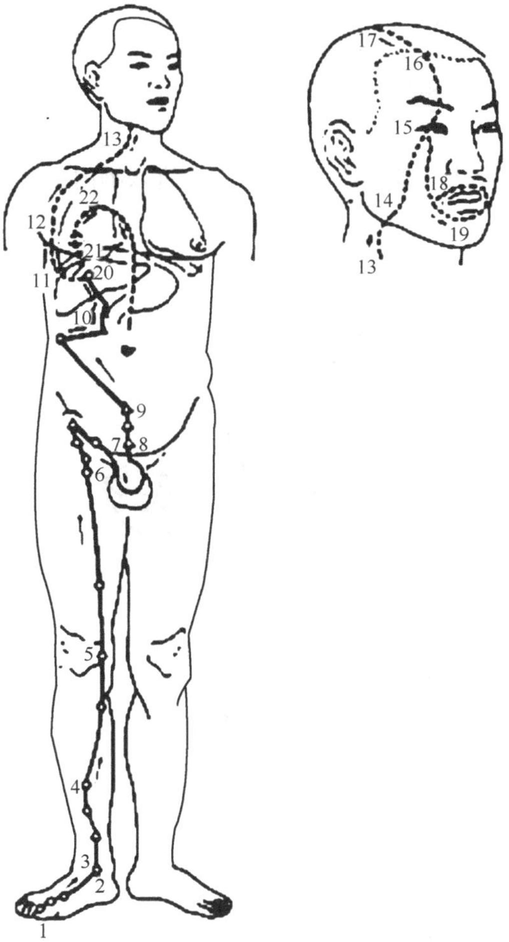

图 23　足厥阴肝经循行示意图

1. 起于大趾丛毛之际；2. 上循足跗上廉；3. 去内踝一寸；4. 上踝八寸，交出太阴之后；5. 上腘内廉；6. 循股阴；7. 入毛中；8. 过阴器；9. 抵小腹；10. 挟胃，属肝，络胆；11. 上贯膈；12. 布胁肋；13. 循喉咙之后；14. 上入颃颡；15. 连目系；16. 上出额；17. 与督脉会于巅；18. 其支者，从目系下颊里；19. 环唇内；20. 其支者，复从肝；21. 别贯膈；22. 上注肺

丘墟

定位：在外踝前下方，趾长伸肌肌腱外侧凹陷中。

主治：颈项痛，胸胁胀痛，下肢痿痹，足跗肿痛。

十二、足厥阴经

（一）足厥阴肝经

1. 循行　起于足大趾上毫毛部，沿着足跗部向上，经过内踝前 1 寸处，向上至内踝上 8 寸处交出于足太阴经的后面，上行膝内侧，沿着股部内侧，进入阴毛中，绕过阴部，上达小腹，夹着胃旁，属于肝脏，联络胆腑，向上通过横膈，分布于胁肋，沿着喉咙的后面，向上进入鼻咽部，连接于“目系”（眼球连系于脑的部位），向上出于前额，与督脉会合于巅顶。“目系”支脉：下行颊里，环绕唇内。肝部支脉：从肝分出，通过横膈，向上流注于肺，与手太阴肺经相接（图 23）。

2. 病候　腰痛，下肢痿痹等经脉循行部位的其他病症。

（二）足厥阴经筋

1. 循行　起于足大趾之上，上结于内踝前方；向上沿胫骨内侧，结于胫骨内侧髁之下，向上沿大腿内侧结于阴器，与各经筋联络（图 24）。

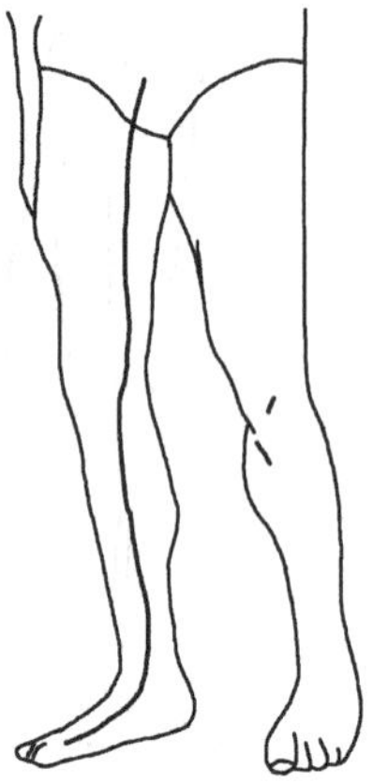

图 24　足厥阴经筋循行示意图（四肢部）

2. 病候　蹋趾掣强，内踝前疼痛，内辅骨处痛。股内侧疼痛，转筋。阴器功能减退。精伤则阳痿不举，伤于寒则阴器缩入，伤于热则阴器挺长不收。

（三）常用腧穴

太冲

定位：在足背第 1、2 跖骨结合部前凹陷中。

主治：胁痛，下肢痿痹。

曲泉

定位：屈膝，在膝内侧横纹头上方凹陷中。

主治：膝痛。

十三、督　脉

1. 循行　起于小腹内，下出会阴部，向后行于脊柱内部，上达项后风府，进入脑内，上行巅顶，沿前额下行鼻柱（图 25）。

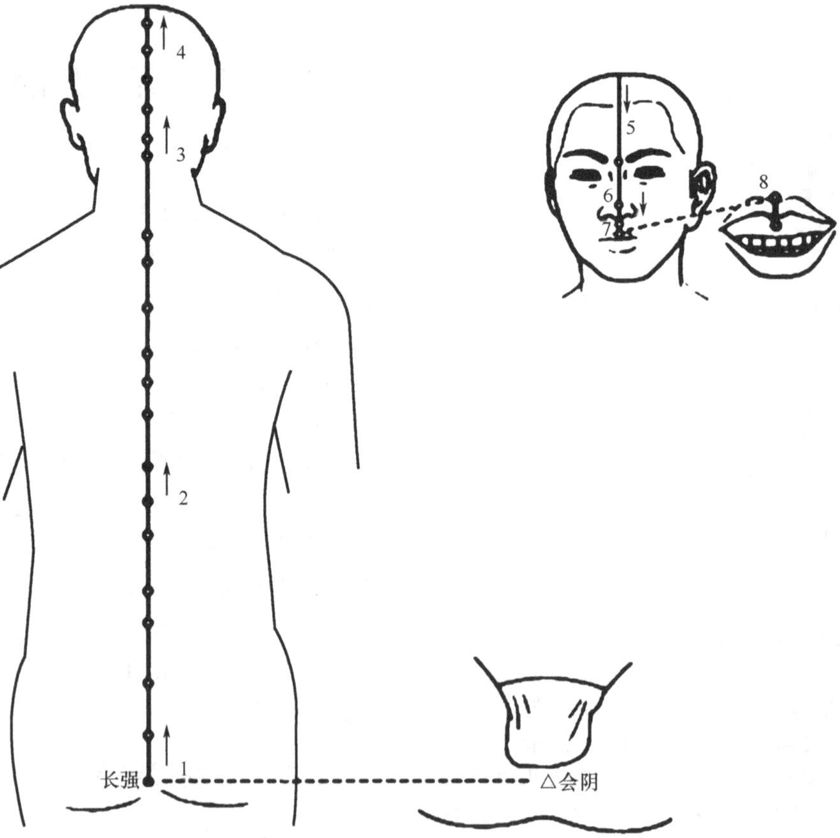

图 25　督脉循行示意图

1. 起于下极之俞；2. 并于脊里；3. 上至风府，入属于脑；4. 上巅；5. 循额；6. 至鼻柱；7. 行人中沟；8. 至兑端，入龈交

2. 病候　脊柱强痛，腰骶、背、头项局部病症。

3. 常用腧穴

腰俞

定位：在骶部后正中线上，当骶管裂孔处。

主治：腰脊强痛，下肢痿痹。

脊中

定位：在 T_{11} 棘突下凹陷中。

主治：腰脊强痛。

筋缩

定位：在 T_9 棘突下凹陷中。

主治：脊强。

身柱

定位：在 T_3 棘突下凹陷中。

主治：脊背强痛。

大椎

定位：在 C_7 棘突下凹陷中。

主治：项强，肩背痛，腰脊强痛。

风府

定位：在后发际正中直上 1 寸处。

主治：项强，眩晕。

十四、常用经外奇穴

当阳

定位：瞳孔直上，前发际上 1 寸。

主治：偏头痛。

印堂

定位：两眉头连线的中点。

主治：前额痛，目痛。

太阳

定位：当眉梢与目外眦之间向后约 1 横指凹陷处。

主治：头痛，面痛。

颈百劳

定位：当大椎穴直上 2 寸，后正中线旁开 1 寸。

主治：颈项强痛。

颈臂

定位：锁骨内 1/3 与外 2/3 交点向上 1 寸，当胸锁乳突肌锁骨头后缘处。

主治：上肢疼痛、麻木及瘫痪。

肩前

定位：正坐垂肩，当腋前皱襞顶端与肩髃穴连线中点处。

主治：肩臂痛，臂不能举。

腰痛点

定位：在手背侧，当第 2、3 掌骨及第 4、5 掌骨之间，当腕横纹与掌指关节中点处，一侧 2 穴，左右共 4 穴。

主治：急性腰扭伤。

落枕

定位：在手背第 2、3 掌骨间，掌指关节后约 0.5 寸处。

主治：落枕，手臂痛。

夹脊

定位：在 T_1～L_5 的各椎棘突下后正中线旁开 0.5 寸处，一侧 17 穴，左右共 34 穴。

主治：适应范围较广，其中腰部夹脊穴主治腰和下肢疾病等。

痞根

定位：在 L_1 棘突下，旁开 3.5 寸凹陷中。

主治：腰痛。

下极俞

定位：在 L_3 棘突下。

主治：腰痛。

腰眼

定位：在 L_4 棘突下，旁开 3.5 寸凹陷中。

主治：腰痛。

十七椎

定位：在 L_5 棘突下。

主治：腰腿痛，下肢瘫痪。

腰奇

定位：在尾骨端直上 2 寸，骶角之间凹陷中。

主治：腰痛。

环中

定位：在环跳穴与腰俞穴连线中点处。

主治：坐骨神经痛，腰痛，腿痛，下肢瘫痪，痿痹，足冷。

鹤顶

定位：在髌骨上缘正中凹陷处。

主治：膝关节疼痛，足胫无力，下肢瘫痪。

膝眼

定位：屈膝，在髌韧带两侧凹陷处。内侧者为内膝眼，外侧者为外膝眼。

主治：膝痛，腿脚重痛。

思考题

请系统梳理、总结多经筋汇聚处的穴位。

第三章

伤科推拿适应证与禁忌证

学习目的

掌握伤科推拿的适应证及禁忌证。

一、伤科推拿的适应证

推拿治疗的范围较广，但并非对每一种病症均有良好的治疗效果。手法所产生的治疗效果，是由其推拿手法的作用决定的。对于急慢性损伤，如全身各大关节损伤、肌肉扭伤、肌肉劳损等，关节脱位复位后关节粘连、僵直及软组织挛缩，某些骨关节病所致肢体疼痛、活动受限者，如颈椎病、膝关节骨性关节炎、退行性脊柱炎、各种关节置换术后等效果均较好。伤科推拿的适应证主要有以下几种。

1. 脊柱疾病 颈椎病、寰枢关节半脱位、落枕、腰椎间盘突出症、腰椎椎管狭窄症、腰椎骨性关节炎、第三腰椎横突综合征、退行性腰椎滑脱症、急性腰扭伤、腰椎小关节紊乱等。

2. 四肢关节疾病 骶髂关节综合征、肩关节周围炎、肱骨外上髁炎、肱骨内上髁炎、桡骨茎突狭窄性腱鞘炎、腕关节扭伤（慢性）、膝关节骨性关节炎、半月板损伤、膝关节创伤性滑膜炎、踝关节损伤等。

3. 软组织损伤疾病 梨状肌综合征、肩袖损伤、肱二头肌长头肌腱鞘炎、肩峰下滑囊炎、前斜角肌综合征、腰肌劳损、跟痛症（筋膜炎）等。

二、伤科推拿的禁忌证

1. 骨伤科疾病 原发或转移性恶性肿瘤、骨结核、严重骨质疏松症、骨折脱位在固定期间者、急性脊柱损伤伴有脊髓症状、各种开放性软组织损伤。

2. 外科疾病 伴有各种感染性和化脓性疾病或各种急腹症者。

3. 内科疾病 伴有严重的心、脑、肝、肾、肺等脏器病症者。

4. 其他 有局部皮肤破损、皮肤病、严重出血倾向，有精神疾病等不能与医生合作的患者，妇女妊娠期或产后尚未恢复健康者，原因不明、未予明确诊断并伴有疼痛、发热、眩晕等症状的患者，过度饥饿、疲劳及酒后的患者。

5. 处理方法 如患者出现眩晕、恶心等症状，需立即停止手法操作，平卧休息，必要时请神经科会诊；口服钙通道阻滞剂，改善椎基底动脉缺血状态。伴有眩晕者可口服或注射倍他司汀类药物，以改善脑循环；如患者出现喷射状呕吐，提示颅内压急剧增高，应立即转入神经外科治疗。

6. 预防原则 对有严重动脉硬化倾向的患者，避免使用颈部扳法，如需应用时，应做到轻巧协调，随发随收，避免暴力推扳操作。

思考题

1. 伤科推拿的禁忌证有哪些？
2. 伤科推拿的适应证有哪些？

中篇

治疗篇

第四章

概　述

学习目的

了解伤科疾病的不同辨证方法；熟悉伤科疾病的病因病机及“筋出槽，骨错缝”发生机制。

伤科疾病的发生主要是由于外伤、劳损，或正气不足，感受风、寒、湿邪所致。临床上以疼痛、麻木、关节活动障碍为主症，好发于中老年人。随着现代工作方式和生活习惯的改变，伤科疾病的发病有年轻化趋势。常见疾病包括落枕、颈椎病、前斜角肌综合征、腰椎间盘突出症、第三腰椎横突综合征、膝关节骨性关节炎等。因骨折、脱位、肿瘤、肌萎缩型脊髓侧索硬化症、脊髓空洞症、结核等其他疾病所引发的疼痛，不在此范围。

人体由脏腑、经络、气血、皮肉、筋骨等组成。当皮肉和筋骨损伤时，也可导致脏腑、经络、气血功能紊乱。因此，在研究伤科疾病病机发展规律时，不仅要研究局部症状，更要了解全身的病理变化，从而整体把控伤科疾病病机发展规律，以便正确、科学地指导临床诊断和治疗。

一、病因病机

（一）外伤

外伤是指因跌仆、闪挫、撞击、坠落等外界暴力直接或间接所致的损伤。外界暴力作用于皮肉筋骨，筋脉受损，而血不循经，血溢脉外，气机阻滞，瘀阻不行，不通则痛。《医宗金鉴·正骨心法要旨·头面部》描述了造成颈部外伤的四种病因、症状和治法：“一曰从高坠下，致颈骨插入腔内，而左右尚活动者，用提项法治之；一曰打伤，头低不起，用端法治之；一曰坠伤，左右歪斜，用整法治之；一曰仆伤，面仰头不能垂，或筋长骨错，或筋聚，或筋强骨随头低”。因意外损伤，而又失治误治，也可导致伤科疾病的发生。

（二）劳损

慢性劳损引起的伤科疾病多因长期不正确的工作和生活习惯引起人体某一个身体部位过度用力积累而致。由于长期劳损使筋肉损伤，经络也随之受损，导致气血互阻，气机不利，血肿形成，使气血的正常运动流通受阻，引发疼痛。中医学对伤科疾病有“久视伤血、久卧伤气、久坐伤肉、久立伤骨、久行伤筋”的具体描述，这也说明了慢性劳损可以导致伤科疾患的形成。

（三）外感风寒湿

风为百病之长，不但可直接导致关节疼痛，也可为他邪之先导。肺者，相傅之官，主收敛。肝者，将军之官，主疏泄。肺能制肝者，依赖君火之明，相火之位。若外感风邪，相火可借风势，风火相助，肺金则失势，肺气失衡，为肝所侮，失其收敛之性，则肌表不固，腠理疏松，寒邪、湿邪皆乘虚而入，故风寒湿邪易合而为痹。正如《诸病源候论·腰背病诸候》所言“凡腰痛病有五……二曰风痹，风寒著腰，是以痛……五曰寝卧湿地，是以痛”。风寒湿合而为痹，以风盛者为行痹，寒盛者为痛痹，湿盛者为着痹，风寒湿邪，乘肾气之虚而客之，则见疼痛。年老体虚，腠理不密，营卫不固，风寒湿邪乘虚而入，也可导致痹阻经络，气血运行不畅，筋骨失养。

（四）先天禀赋

先天禀赋也是诱发伤科疾病的基础之一。《素问·脉要精微论》曰：“腰者肾之府，转摇不能，肾将惫矣。”腰为肾之府，若先天肾气不足，导致经络之气不足，皮肤腠理不能固表，则邪气由肌表侵入至经络、脏腑，逐渐深入、加重，阻滞腰部气机运行，不通则痛，或是筋脉肌表失养，不荣则痛。正如《诸病源候论·腰背病诸候》所言“夫腰痛，皆由伤肾气所为。肾虚受于风邪，风邪停积于肾经，与血气相击，久而不散，故久腰痛”。

二、骨错缝，筋出槽

骨错缝和筋出槽是筋骨的病理状态，两者关系密切，大多数情况下是并行的。

骨错缝和筋出槽是中医对伤科筋骨疾患经典的病理描述。中医古籍中关于骨错缝的描述，包括“骨缝开错”“骨缝裂开”等。骨缝的现代理解有两种含义，一种可以理解为骨折所导致的缝隙，这是一种病理状态；另一种可以理解为骨与骨之间的正常关系，关节正常的间隙，也是本书所指的骨缝。《仙授理伤续断秘方》中关于骨缝的描述为：“凡左右损处，只相度骨缝，仔细捻捺。忖度便见大概。”《医宗金鉴·正骨心法要旨》中描述：“盖骨离其位，必以手法端之，则不待旷日迟久，而骨缝即合。”骨错缝是指骨与骨之间的正常关系、关节正常的间隙发生改变，如《医宗金鉴·正骨心法要旨》曰：“若脊筋陇起，骨缝必错，则成伛偻之形”“或因跌仆闪失，以致骨缝开错，气血郁滞”。文献记载中与骨错缝意思相近的术语有很多，如“骨节间微有错落不合缝”“骨缝参差”“骨缝开错”“骨缝叠出”“骨缝裂开”等。尽管表述不同，但是其大体意义相同，均指骨关节正常的解剖结构和位置发生了改变。

筋出槽是中医伤科的习惯性用语，并不直接见于中医古籍当中，但对于筋出槽的病理状态，文献中有多种描述，其中《伤科大成》曰：“筋有弛纵、卷挛、翻转、离合各门”“或因筋急难于转摇，或筋纵难运动”。筋出槽是伤筋的一类病理状态，在《医宗金鉴·正骨心法要旨》中有“用手细摸其所伤之处，或骨断、骨碎、骨歪、骨整、骨软、骨硬、筋强、筋柔、筋歪、筋正、筋断、筋走、筋粗、筋翻、筋寒、筋热，以及表里虚实，并所患之新旧也”的描述，可以间接看出筋的多种病理状态中“筋歪”“筋走”“筋翻”属于筋出槽的范畴。《伤科汇纂》有“筋离出位”的记载。筋出槽是指筋离常道，处于不正常的位置，表现为弛、纵、卷、挛、翻、转、离、合、歪、走等形式。

筋与骨在生理状态下是密切相关的。《素问·五脏生成》曰：“诸筋者，皆属于节。”《素问·痿论》认为："宗筋主束骨而利机关也"，生理状态下筋骨关节功能紧密相连，骨为筋提供支撑和附着，骨通过筋的"束骨"作用，维持稳定，并在筋的引导下完成日常生理活动。因此"骨正筋柔，气血以流"是《黄帝内经》中描述身体健康的重要基础条件。《仙授理伤续断秘方》中就有多处筋骨的描述："手足久损，筋骨差爻，举动不得""筋骨缝纵，挛缩不舒""筋骨乖纵，挛缩不舒""筋骨乖张，挛缩不伸""筋骨偏纵，挛缩不伸"。同样在《医宗金鉴·正骨心法要旨》中也有类似的描述："脊筋陇起，骨缝必错""面仰头不能垂，或筋长骨错，或筋骤，或筋强骨随头低"。因此伤科临床患者当中，骨错缝、筋出槽两种情况往往同时发生、并存。骨错缝发生时往往会伴有不同程度的筋出槽，前文中已有多处关于筋骨共伤的描述；然而筋出槽有时并不一定有骨错缝，如《伤科汇纂》中就有"筋翻肿结脚跟蹩""筋横纵急搦安恬"的描述。

三、伤科疾患的辨证特点

中医强调辨证论治，对于患者症状、体征、病位及证候变化，观察入微。但伤科疾病的辨证不同于传统内科疾病，如湿热、风寒、瘀血、痰浊、气血亏虚、肝肾不足型。伤科疾病本身具有时间属性，其证候不是一成不变的，通过一段时间的治疗干预后，证候可能发生变化，特别是急症证候的变化更是瞬息万变。

物质存在时间和空间两种属性，时间是物质存在的"持续"，空间是物质存在的"广延"，时间与空间在哲学领域是密不可分的。而时相性辨证是基于物质的时间"持续"属性产生的辨证方法，其与六经辨证、八纲辨证、经络辨证、脏腑辨证等一样，是从多个不同侧面，不同维度来揭示疾病之病期、病位、病性、病机及病势趋向等的方法，丰富了中医辨证论治体系。而空间辨证，即是在某一时刻，以中医基础理论为指导应用脏腑辨证、六经辨证、经络辨证等思想，对患者证候进行辨证，总结患者的病症资料，对症治疗，如辨证为瘀血型，常可见腰痛如刺，痛有定处，痛处拒按，日轻夜重，舌紫暗或有瘀斑，脉涩。但空间辨证的弊端是无法动态描述患者的病情，缺乏治疗可延展性。而时相性辨证则是根据患者的疾病发展特点、变化规律，对疾病进行辨证指导。因此，时相性辨证是对空间性辨证的补充。

本教材治疗篇的创新之处在于，是以中医病名为总纲，以西医病名为分型进行介绍。在中医疾病介绍中，推拿治疗原则是遵循时相性辨证思路，治疗上与内科方药的空间性辨证优势互补。两种不同的辨证思路还需学生逐步理清。

思考题

1. 简述伤科疾病的病因病机。
2. 伤科疾病的辨证与方药辨证有何区别？

第五章

项 痹 痛

学习目的

熟悉项痹痛的临床表现和治疗原则，掌握项痹痛的基本治法；熟悉颈椎病、前斜角肌综合证、寰枢关节半脱位、落枕的临床表现、诊断要点、鉴别诊断，掌握不同疾病的经筋辨识及治疗方案的加减。

项痹痛的发生主要是由于外伤、劳损，正气不足，感受风寒湿邪，导致项部肌肉、关节、经络痹阻不通。临床上以颈项肩背部疼痛、上肢疼痛、麻木、头昏、头痛、下肢痉挛型瘫痪为主症，好发于中老年人。随着现代工作方式和生活习惯的改变，该病的发病有年轻化趋势。本章节所涉及的项痹痛包括颈椎病、前斜角肌综合征、寰枢关节半脱位、落枕。因骨折、脱位、肿瘤、肌萎缩型脊髓侧索硬化症、脊髓空洞症、结核等其他疾病所引发的项痛，不在此范围。

一、中医临床表现

主要症状：颈项部不适、疼痛，活动障碍，可伴有上肢部的疼痛、麻木，头晕目眩等。根据中医辨证分型，本病可分成风寒湿、气滞血瘀、痰湿阻络、肝肾不足、气血亏虚五个证型，具体中医分型症状表现如下。

1. 风寒湿证 颈、肩、上肢窜痛麻木，以痛为主，头有沉重感，颈部僵硬，活动不利，恶寒畏风。舌淡红，苔薄白，脉弦紧。

2. 气滞血瘀证 颈肩部、上肢刺痛，痛处固定，伴有肢体麻木。舌质暗，脉弦。

3. 痰湿阻络证 头晕目眩，头重如裹，四肢麻木不仁，纳呆。舌暗红，苔厚腻，脉弦滑。

4. 肝肾不足证 眩晕头痛，耳鸣耳聋，失眠多梦，肢体麻木，面红目赤。舌红少津，脉弦。

5. 气血亏虚证 头晕目眩，面色苍白，心悸气短，四肢麻木，倦怠乏力。舌淡苔少，脉细弱。

二、治 疗 原 则

推拿手法治疗并不拘泥于内科方药治疗辨证思路。虽然引起项痹痛的原因主要是风寒湿、气滞血瘀、痰湿阻络、肝肾不足、气血亏虚，但其主要病变部位仍集中于项部的皮肉筋骨及经脉。推拿手法也主要施术于项部局部及其相关经脉的循行部位。因此，本章内容主要是围绕颈项部“痛”的发展变化而调整推拿治疗方案。基本治法以“活血止痛”和“疏经通络”为主，待疼痛缓解后，根据不同疾病的特点，增加“理筋整复”治法。

三、基本治法

（一）活血止痛

1. 操作部位 合谷、阳溪、阳谷、曲池、小海。

2. 操作手法 按法。

3. 操作步骤 患者取坐位，医者位于患者后侧。医者用单手拇指依次按压合谷、阳溪、阳谷、曲池、小海，每穴操作半分钟，以酸胀为宜。

4. 解析 急性期患者颈项部疼痛较剧烈。因此，本期治疗方案并未选择弹拨、斜扳等刺激性较强的手法，而是以上肢部的按穴为主。方中所选合谷、阳溪、阳谷、曲池、小海为上肢部穴位，利用按法刺激处方穴位，达到促进头颈部、上肢部气血运行之效，以改善急性期疼痛症状。

（二）疏经通络

1. 操作部位 肩井穴，颈项部，以及根据神经卡压位置或结合患者自身症状，选取相应经筋循行部位。

2. 操作手法 㨰法、指揉法、拿法。

3. 操作步骤 患者取坐位。术者站于患侧，自患侧肩部向颈侧施于㨰法 1 分钟，同时配合肩关节活动。医者要判断患者是否存在颈椎神经卡压，并根据神经卡压反射区，结合经筋循行线路，选择手太阳经筋、手阳明经筋、手少阳经筋循行部位进行指揉，每条经筋指揉 2 遍。最后拿肩井 3～5 次。

4. 解析 《素问·调经论》曰：“病在筋，调之筋。”㨰法具有舒筋活血、松解痉挛之功；指揉手太阳经筋、手阳明经筋、手少阳经筋循行部位及腧穴，可疏经通络，促进颈项部、上肢气血运行；最后配合拿肩井，诸法相配，具有疏经通络、活血行气的作用。

第一节　颈　椎　病

颈椎病是由于颈椎骨质增生、椎间盘退行性病变及颈部损伤等原因引起脊柱内、外平衡失调，刺激或压迫颈神经根、椎动脉、脊髓或交感神经而引起的一组综合征。本病多见于中老年人群，近年来由于工作方式和生活习惯的改变，发病率逐渐上升且有低龄化趋势。

一、病因病理

（一）内因

1. 椎间盘退变 颈椎椎间盘一般从 30 岁以后开始退变，退变从软骨板开始并逐渐骨化，通透性随之降低，髓核中的水分逐渐减少，最终形成纤维化，缩小变硬成为一个纤维软骨性实体，导致椎间盘变薄，椎间隙变窄。由于椎间隙变窄，使前、后纵韧带松弛，椎体失稳及继发性炎症，后关节囊松弛，关节腔变窄，关节面长时间磨损，脊柱内、外平衡失调，而导致颈椎椎体、钩椎关节、后关节等部位增生。椎体后关节、钩椎关节等部位的骨质增生及椎间孔变窄或颈椎管狭窄是造成脊髓、颈神经根、椎动脉及交感神经受压的主要病理基础。

2. 先天畸形 颈椎的先天性畸形，如颈椎隐性裂、颈椎椎体融合、颅底凹陷、颈肋、颈椎横突肥大及发育性椎管狭窄等造成颈椎力学上失衡，促使颈椎提前发生退变。

（二）外因

1. 急性外伤 各种急性损伤，如扭伤、碰撞伤、挥鞭样损伤，都可造成颈椎关节、椎间盘、韧带、关节囊等组织不同程度的损伤，从而使脊柱稳定性下降或造成颈椎关节紊乱，直接或间接刺激、压迫神经、血管，产生一系列症状。

2. 慢性劳损 长期从事低头伏案工作、平时姿势不良、枕头和睡姿不当，均可使颈椎间盘、后关节、钩椎关节、椎体周围各韧带及其附近软组织不同程度的损伤，从而破坏颈椎的稳定性，促使颈椎发生代偿性骨质增生。若增生物刺激或压迫邻近的神经、血管和软组织则引起各种相应的临床症状和体征。

3. 风寒湿侵袭 风寒湿侵袭项背部，致肌肉痉挛、血管收缩，影响局部血液循环，组织缺血缺氧，也可引起临床症状。

二、临床表现

（一）颈型颈椎病

（1）颈部僵硬、酸痛，前屈、旋转幅度减小。

（2）肩胛骨内侧有酸痛感和沉重感，劳累后症状加重，休息后症状减轻，经常出现“落枕”样现象。

（二）神经根型颈椎病

（1）颈项部或肩背呈阵发性或持续性的隐痛或剧痛，受刺激或压迫的颈脊神经走行方向有烧灼样或刀割样疼痛，伴针刺样或过电样麻感。

（2）颈部活动有不同程度受限或发硬、发僵，或颈部呈痛性斜颈畸形。

（3）一侧或两侧上肢有放射性痛、麻，伴有发沉、肢冷、无力、握力减弱或持物坠落。

（三）脊髓型颈椎病

（1）下肢症状明显，可出现双下肢僵硬无力、酸胀、烧灼感、麻木感和运动障碍，呈进行性加重的趋势；上肢症状往往不明显，有时仅表现为沉重无力。

（2）步态笨拙，走路不稳或有踩棉花感。手部肌肉无力、发抖、活动不灵活、持物不稳、容易坠落。

（3）严重者四肢瘫痪，排尿、排便障碍，卧床不起。

（4）患者常有头痛、头昏、半边脸发热、面部出汗异常等。

（四）椎动脉型颈椎病

（1）持续性眩晕、恶心、耳鸣、重听、记忆力减退、后头部麻木、偏头痛等。
（2）可伴有视物模糊、视力减退、精神萎靡、失眠、嗜睡等。
（3）头部过伸或旋转时，可出现位置性眩晕、恶心、呕吐等急性发作症状。
（4）可出现猝然摔倒、持物失落，但摔倒时神志多清醒。

（五）交感神经型颈椎病

（1）有慢性头痛史，以眼眶周围、眉棱骨等部位明显，疼痛常呈持续性钝痛。
（2）可出现头晕、眼花、耳鸣、听力减退、咽喉部不适或有异物感、恶心或呕吐。
（3）可有心动过速或减慢、心前区闷痛、血压升高等症状。
（4）肢体发凉怕冷，或肢体发红怕热。

（六）混合型颈椎病

本型颈椎病包含上述两种或两种以上情况的类型。

三、诊断要点

（一）颈型颈椎病

（1）颈部酸痛，颈项僵硬，肩胛区有酸痛感和沉重感。
（2）颈部活动受限，棘突旁、椎旁肌、斜方肌、胸锁乳突肌有压痛。
（3）X线检查示颈椎生理曲度变直，轻度骨质增生，椎间关节失稳，出现“双边征”“双突征”。
（4）经筋辨识：本书将经筋循行路线与神经卡压所造成的反射区相结合，合理选择经筋治疗；若无神经卡压，可根据患者自身症状所涉及的区域，与经筋循行路线相结合治疗。上肢可以选择手太阴经筋、手太阳经筋、手少阳经筋、手阳明经筋等。

（二）神经根型颈椎病

（1）颈项部疼痛，颈部活动受限，一侧或两侧上肢有放射性痛、发麻。
（2）病变颈椎节段间隙、棘突、棘突旁及其神经分布区可出现压痛。手指放射性痛、麻常与病变节段相吻合。颈椎生理前凸减少或消失，甚至反弓。
（3）臂丛神经牵拉试验、压头试验、椎间孔挤压试验，均可出现阳性。
（4）通过临床症状、体征，可初步判定病变节段。
1）C_3～C_4节段以上，枕部疼痛或皮肤有麻木感。
2）C_4～C_5节段：C_4～C_5棘旁、冈上肌压痛，肩部、上臂外侧及前臂桡侧可有痛觉过敏或痛觉减退区。
3）C_5～C_6节段：C_5～C_6棘旁、肩胛内上角处压痛，上臂外侧、前臂桡侧及拇指和食指痛觉过敏或痛觉减退，肱二头肌肌力减弱，肱二头肌肌腱反射减弱。
4）C_6～C_7节段：C_6～C_7棘旁、肩胛内中部区压痛，上臂外侧、前臂桡侧至食指和中指痛觉过敏或痛觉减退，肱三头肌肌力减弱，肱三头肌肌腱反射减弱。

5）C_7～T_1 节段：C_7～T_1 棘旁、肩胛内下角区压痛，上臂内侧、前臂尺侧至无名指和小指痛觉过敏或痛觉减退，手指屈伸肌力和骨间肌力减弱。

（5）影像学检查

1）X 线检查：显示颈椎生理前凸变直或消失或反弓，颈椎侧凸，椎间隙变窄，椎体前、后缘骨质增生，项韧带钙化，椎间孔狭窄等。

2）CT 扫描：可清楚地显示颈椎椎管和神经根管狭窄、椎体侧后缘增生、小关节突增生肥大、颈椎间盘突出及脊神经受压的表现。

3）MRI 检查：可以显示颈椎的矢状面、横断面椎管内结构的改变，对脊髓、椎间盘组织显示清晰，可了解椎间盘退变的程度和椎管的大小，显示椎间盘突出的位置和神经受压的情况。

（6）经筋辨识：本书将经筋循行路线与神经卡压所造成的反射区相结合。可根据神经卡压后反射区结合患者自身症状，合理选择经筋治疗：C_3 神经根卡压，可选择手太阳经筋、足太阳经筋；C_4 神经根卡压，可选择手少阳经筋、手太阳经筋；C_5 神经根卡压，可选择手阳明经筋、手太阳经筋、手少阳经筋；C_6 神经根卡压，可选择手阳明经筋；C_7 神经根卡压，可选择手少阳经筋；C_8 神经根卡压，可选择手太阳经筋、手少阳经筋。

（三）脊髓型颈椎病

（1）早期上肢症状不明显，有时仅表现为沉重无力；下肢症状明显，可出现双下肢僵硬无力、酸胀、烧灼感、麻木感和运动障碍，呈进行性加重的趋势，后期出现双上肢麻木、疼痛、无力，不能做精细动作。步态笨拙，易跌倒，不能跨越障碍物，走路不稳或有踩棉花感。部分患者自觉胸部或腰腹部有束带感。严重者行走困难，排尿、排便障碍，甚则四肢瘫痪，卧床不起。

（2）颈部活动受限不明显，病变相应节段有压痛。

（3）脊髓颈椎病手为本病的特殊体征，提示手指内收肌无力。检查方法：令患者手臂伸直，手掌向下，小指外展或不能维持内收 30 秒，重者无名指或食指均不能向中指靠拢。

（4）上肢动作欠灵活，肌力减弱，下肢肌张力增高。肱二、三头肌肌腱及膝腱反射、跟腱反射亢进。腹壁反射和提睾反射减弱，髌阵挛、踝阵挛、霍夫曼征、巴宾斯基征，均可出现阳性。

（5）影像学检查

1）X 线检查：显示颈椎生理前凸变直或后凸成角，病变椎间隙狭窄、椎体后缘骨质增生、节段不稳定等退行性改变。有时可见椎管狭窄。

2）CT 扫描：显示颈椎椎管变小，颈椎间盘突出，椎体后缘骨赘，后纵韧带骨化，黄韧带肥厚或钙化，以及脊髓受压的情况。

3）MRI 检查：可见颈椎间盘变性、突出或脱出及其对脊髓的压迫程度，显示椎管有无狭窄，了解脊髓有无变性等。

（6）经筋辨识：本书引入经筋治疗理念，可将患者临床症状与经筋循行路线相结合。下肢经筋治疗选择以足太阳经筋、足阳明经筋、足少阳经筋的循行部位为主。

（四）椎动脉型颈椎病

（1）持续性眩晕，偏头痛，头部过伸或旋转时，可出现眩晕加重，甚或猝然摔倒，但摔倒时神志多清醒。

（2）颈肌痉挛，颈部活动受限，病变节段横突部压痛，椎动脉扭曲试验阳性。

（3）影像学检查

1）X 线检查：可见颈椎生理弧度减小或消失，可出现侧凸畸形，钩椎关节侧方或后关节部骨质增生、椎间孔变小、寰枢关节不对称等。

2）椎动脉造影：可见椎动脉因钩椎关节骨赘压迫而扭曲或狭窄，可作为确切诊断依据。

3）颈部血管彩超或 TCD：为目前临床常用的检查项目，可发现椎动脉血流速度减慢或增快，颈部血管彩超还可测定血管管径，检查血管壁有无斑块形成。

4）三维 CT 血管造影（3D-CTA）检查：可显示椎动脉及椎基底动脉全貌，了解椎动脉与椎体、椎间孔及周围软组织的关系，明确椎动脉受压情况。

（4）经筋辨识：本书将经筋循行路线与神经卡压所造成的反射区相结合，合理选择经筋治疗；若无神经卡压，可根据患者自身症状所涉及的区域，与经筋循行路线相结合治疗。上肢可以选择手太阴经筋、手太阳经筋、手少阳经筋、手阳明经筋等。

（五）交感神经型颈椎病

（1）有慢性头痛史，以眼眶周围、眉棱骨等部位明显，疼痛常呈持续性。可出现头晕、眼花、耳鸣、恶心或呕吐。可有心动过速或减慢、心前区闷痛、心悸、气促等症状。

（2）局部皮温降低，四肢发凉，肢体遇冷时有刺痒感。

（3）两侧颈椎横突前压痛点明显。部分患者出现霍纳征。

（4）影像学检查

1）X 线检查：显示颈椎生理弧度变直或消失，椎体失稳，椎间隙变窄等。

2）心电图检查：无异常或有轻度异常。

（5）经筋辨识：本书将经筋循行路线与神经卡压所造成的反射区相结合。可根据神经卡压后反射区结合患者自身症状，合理选择经筋治疗：神经卡压反射区以足少阳经筋的循行部位为主。具体经筋选择可参考神经根型颈椎病的经筋辨识部分。

（六）混合型颈椎病

本型颈椎病同时具有上述两种类型或两种以上类型的诊断要点。

四、鉴别诊断

（一）落枕

落枕表现为颈项强痛，无手指麻木症状，起病突然，无其他颈项部症状。

（二）前斜角肌综合征

前斜角肌综合征表现为颈项部疼痛，患肢有放射痛和麻木触电感，肩部下垂时症状加重，肩上举时症状可缓解，前斜角肌痉挛，质地较硬。

（三）脊髓空洞症

脊髓空洞症好发于 20～30 岁，痛觉与其他深浅感觉分离，尤以温度觉的减退或消失较为突出。

五、治 疗 方 法

根据颈椎病“痛”的发展规律，其治疗原则可分为活血止痛、疏经通络、理筋整复。推拿临证时可根据患者颈椎病的不同分型，在项痹痛治疗基本治法基础上，加减相应治疗方法。颈椎病急性期颈项疼痛、上肢疼痛发麻剧烈、颈椎活动受限，或伴有严重的眩晕，这时推拿手法治疗以按穴疗法为主，待症状好转时可增加拨法、斜扳等手法。

（一）颈型颈椎病

1. 操作部位 在基本治法基础上，增加手阳明经筋、手太阳经筋、手少阳经筋循行部位。

2. 操作手法 在基本治法基础上增加拨法、颈椎定点旋转扳法。

3. 操作步骤 患者取坐位，在基本治法的基础上，医者循所选经筋行走方向，自下而上进行做单方向的指揉操作，用力均匀、节律整齐，所选经筋所属穴位，则稍停顿进行指揉，每条经筋操作 2 遍。再以拇指在项背部阳经经筋分布区域寻找筋结点，重点在枕部、肩部、肩胛骨内侧，点按筋结点，持续 5 秒，重复 5 次。再以拨法施术 3～5 遍，最后行颈椎前屈、后伸、侧屈、旋转被动运动。有颈椎错缝者，施以颈椎定点旋转扳法。

4. 解析 施以基本治法以达行气活血止痛之功，《证治准绳·杂病》认为“然则颈项强急之证，多由邪客三阳经也”，说明经筋病可直接表现为筋挛、关节疼痛、屈伸不利。通过对项部、肩背部三阳经筋的病理结聚处进行指揉、点按疏经通络，可以起到活血化瘀、温经散寒、通络止痛的作用。选择拨法结合整复类手法进行理筋整复，颈椎被动运动可缓解颈项、肩背软组织紧张，滑利关节，改善颈椎关节功能。颈椎定点旋转扳法可纠正关节错缝。

（二）神经根型颈椎病

操作视频请扫码

1. 操作部位 在基本治法基础上，增加缺盆、天宗、肩中俞、肩外俞、极泉、臂臑、曲池、手三里、外关、后溪穴，根据神经卡压反射区选择相对应的经筋循行部位。

2. 操作手法 在基本治法基础上，增加拨法，并根据症状、体征，结合影像学表现，选择颈椎定点旋转扳法或颈椎旋提法、颈椎侧屈定点扳法、胸椎对抗复位手法。

3. 操作步骤 患者取坐位，在基本治法的基础上，医者根据颈椎神经卡压反射区的循行部位，选择手太阳经筋、手阳明经筋、手少阳经筋、足太阳经筋循行部位进行指揉，操作 2 遍；然后在缺盆、肩井、天宗、肩中俞、肩外俞、极泉、臂臑、曲池、手三里、外关、合谷、后溪等穴位处重点指揉，每穴半分钟，如触及筋结点，以拨法施术 3～5 遍。根据症状、体征，结合影像学表现，针对骨错缝节段施以颈椎整复手法。病变在上颈段者，施以颈椎定点旋转扳法；病变在中下颈段者，施以颈椎旋提法，或颈椎侧屈定点扳法；如上段胸椎发现错缝，可施以胸椎对抗复位手法。

4. 解析 在基本治法基础上增加缺盆、极泉、臂臑、手三里等穴，特别是缺盆、极泉作为多经筋汇聚处的穴位，不仅可以增强行气活血止痛效果，还可以促进多经筋间的沟通与联系。同时，将经筋循行路线与神经根型颈椎病神经卡压所造成的反射区相结合，通过按揉经筋循行区域，可以起到整体调控经脉气血运行的作用，加快组织的恢复。配合拨法的强刺激，进一步剥离粘连组织，起到松解粘连和通络止痛的作用，再结合整复类手法进行理筋整复。上段颈椎以旋转运动为主，颈椎定点旋转扳法可调整上段颈椎椎骨错缝；下段颈椎以侧屈运动为主，研究证实颈椎旋提法可松动关节突关节，改善椎间隙和椎间孔，缓解对神经根的刺激或压迫，而颈椎侧屈定点扳法定位准确、用力轻巧，可调整中下段颈椎椎骨错缝。如发现上段胸椎错缝，采用胸椎对抗复位手法以调整上胸椎，稳定颈椎。

（三）脊髓型颈椎病

1. 操作部位 基本治法中去除颈项部，增加昆仑、太溪、绝骨、承山、委中、委阳、风市、阳陵泉、阴市、足三里、环跳等穴，以及下肢部经筋循行部位。

2. 操作手法 在基本治法基础上，增加一指禅推法、拨法。

3. 操作步骤 患者取坐位，在基本治法基础上，增加一指禅推法施于背部督脉线、夹脊线，操作 2 遍；然后患者取仰卧位或俯卧位，根据患者是否伴有下肢症状，选择下肢足太阳经筋、足少阳经筋、足阳明经筋循行部位施予㨰法，操作 2 遍，然后循经按揉 2 遍，并在昆仑、太溪、绝骨、承山、委中、委阳、风市、阳陵泉、阴市、足三里、环跳等穴位处重点刺激，如触及筋结点，以拨法施术 3～5 遍。

4. 解析 脊髓型颈椎病由于卡压部位的特殊性，手法治疗应严格掌握适应证，以理筋手法为主，禁用运动关节类手法，故为保证临床治疗的安全性，本型治疗规避了颈项部的操作，增加一指禅推法施于背部督脉线、夹脊线的治疗时间；然后根据患者是否伴有下肢症状，选择下肢足太阳经筋、足少阳经筋、足阳明经筋循行部位进行干预，从而起到行气活血、解痉松筋之功；再配合拨法疏松肌筋、缓解痉挛，诸法合用，可调动阳气，温养经筋，疏经通络，使经筋柔韧刚健，则行步正。对于出现瘫痪，大小便功能障碍者应行手术治疗。

（四）椎动脉型颈椎病

1. 操作部位 在基本治法基础上增加头面部。

2. 操作手法 在基本治法基础上增加一指禅推法、揉法、扫散法、颈椎定点旋转扳法。

3. 操作步骤 患者取坐位或仰卧位，在基本治法的基础上，加一指禅推法施于前额部，重点在印堂、睛明、太阳、鱼腰等穴；利用揉法施术于前额，配合扫散法施于双侧颞部，上述操作时间约 5 分钟。再按揉颈臂穴 1 分钟。有上颈段椎骨错缝、颈椎生理曲度变直、颈椎侧弯者，以颈椎旋转定点扳法整复。

4. 解析 头面部皮肤组织较薄，经穴敏感性好，以轻快柔和的一指禅推法、揉法、扫散法施术，具有行气活血、疏经通络、止眩明目的作用；加按揉颈臂穴能改善椎动脉或椎基底动脉供血。整复手法以颈椎定点旋转扳法纠正颈椎椎骨错缝、调整颈椎生理曲度和侧弯，使扭曲、受压的椎动脉得以舒张，血液供应改善。

（五）交感神经型颈椎病

1. 操作部位 在基本治法基础上增加头面部。

2. 操作手法 在基本治法基础上增加按法、指揉法、一指禅推法、抹法、扫散法、颈椎定点旋转扳法。

3. 操作步骤 患者取坐位或仰卧位，在基本治法的基础上，利用一指禅推眼眶、前额，分抹前额，扫散双侧少阳经，拇指按揉印堂、睛明、太阳、鱼腰、颈臂等穴，最后按揉循行于颈前两侧的经筋，上述操作时间约 6 分钟。眼花、耳鸣、头痛严重者，按揉双侧风池穴；心律不齐，心前区不适者，按揉内关、通里；有椎骨错缝者，以颈椎定点旋转扳法整复。

4. 解析 基本治法以行气活血为主。利用一指禅推眼眶、前额，分抹前额，扫散双侧少阳经，具有宁心安神之功；指揉局部穴位达行气活血、疏经通络，按揉颈前两侧经筋有松筋通络之功。按揉风池穴可改善颅脑供血，按揉内关、通里可改善心肌缺血、缺氧状态，缓解临床症状。颈椎定点旋转扳法可纠正错缝、侧弯，调整颈椎生理曲度，起理筋整复之功。

第二节 前斜角肌综合征

前斜角肌综合征是由于外伤、劳损、先天颈肋、高位肋骨等因素刺激前斜角肌，或前斜角肌痉挛、肥大、变性等，导致经过锁骨上窝的臂丛神经和锁骨下动脉的血管神经束受压，而产生的一系列神经血管压迫症状的病症。本病好发于女性，右侧较左侧多发。

一、病 因 病 理

（一）外伤、劳损

颈部后伸、侧屈位时，头部突然向对侧旋转，或长期从事旋颈位低头工作，使对侧前斜角肌受到牵拉扭转而损伤，出现前斜角肌肿胀、痉挛而产生对其后侧神经血管束的压迫症状。或病程迁延，前斜角肌发生肥厚和纤维化，牵扯第 1 肋骨抬高而间接压迫臂丛和锁骨下动脉，引起相应临床症状。

（二）先天畸形

1. 骨结构畸形 如肩部下垂、高位胸骨、C_7横突肥大、高位第 1 肋骨或臂丛位置偏后等先天畸形，使第 1 肋骨长期刺激臂丛而引起前斜角肌痉挛、变性、肥大，易造成锁骨上部臂丛及锁骨下动脉受压。

2. 肌性畸形 前、中斜角肌肌腹由于解剖变异二者互相融合，当前斜角肌稍痉挛，即可压迫其间通过的臂丛神经和锁骨下动脉而出现神经血管症状。

由于外伤、劳损或先天畸形的影响，臂丛神经受压时出现上肢神经症状，锁骨下动脉受压时出现血液供应减少症状，锁骨下静脉受压时出现静脉回流障碍。

二、临 床 表 现

（一）局部症状

一般缓慢发生，均以疼痛起病，程度不一。患侧锁骨上窝稍显胀满，前斜角肌局部疼痛。

（二）神经症状

患肢有放射性疼痛和麻木触电感，以肩、上臂内侧、前臂和手部的尺侧及小指、无名指明显，表现为麻木、蚁行、刺痒感等。少数患者偶有交感神经症状，如瞳孔扩大、面部出汗、患肢皮温下降，甚至出现霍纳综合征。

（三）血管症状

早期由于血管痉挛致使动脉供血不足而造成患肢皮温降低，肤色苍白。后期因静脉回流受阻，出现手指肿胀、发凉、肤色紫绀，甚至手指发生溃疡难愈。

（四）肌肉症状

神经长期受压，患肢小鱼际肌肉萎缩，握力减弱，持物困难，手部发胀及有笨拙感。

三、诊断要点

（一）症状体征

（1）患侧锁骨上窝稍显胀满，前斜角肌局部疼痛。

（2）患肢有上肢放射性疼痛和麻木触电感，早期出现患肢皮温降低、肤色苍白，后期出现手指肿胀、发凉、肤色紫绀，甚至手指发生溃疡难愈。

（3）颈前可摸到紧张、粗大而坚韧的前斜角肌肌腹，局部有明显压痛，并向患侧上肢放射性痛麻。患肢上举时局部及患肢的疼痛可减轻或消失，自然向下或用力牵拉患肢时则加重。

（4）艾迪森试验、超外展试验阳性，提示血管受压。臂丛神经牵拉试验阳性，提示神经受压。

（二）实验室检查

X线检查可见颈肋或C_7横突过长或高位胸肋等征象。

（三）经筋辨识

本书将经筋循行路线与神经卡压所造成的反射区相结合。可根据神经卡压后反射区结合患者自身症状，合理选择经筋治疗：神经卡压反射区以手太阳经筋、手阳明经筋、手少阳经筋的循行部位为主。

四、鉴别诊断

（一）神经根型颈椎病

神经根型颈椎病发病缓慢，疼痛呈神经根型分布；颈椎活动受限；神经根牵拉实验和压顶试验阳性。

（二）胸小肌综合征

令患者做胸肌收缩，或上肢过度外展，做患肢抗阻力内收检查，可出现症状，脉搏减弱或消失。改变肩臂位置后，症状减轻，压痛点在喙突部位。

五、治疗方法

（一）活血止痛

1. 操作部位　在基本治法基础上，增加天鼎、极泉穴。

2. 操作手法　按法。

3. 操作步骤 患者取坐位，操作方法同基本治法操作，增加天鼎、极泉穴，上述两穴每穴操作 1 分钟。

4. 解析 方中增加的天鼎、极泉穴均为局部腧穴，结合基础方，可加强头颈部、上肢部气血运行，改善急性期疼痛。

（二）疏经通络

1. 操作部位 在基本治法基础上，增加手三阳经筋循行部位。

2. 操作手法 㨰法、指揉法。

3. 操作步骤 患者取坐位，在基本治法基础上，自患侧肩部向颈侧施以㨰法，同时配合肩关节活动。医者根据颈椎神经卡压反射区的循行部位，结合经筋循行线路，选择手太阳经筋、手阳明经筋、手少阳经筋循行部位进行指揉，操作 2 遍。

4. 解析 在基本治法基础上，配合肩关节活动，可增强疏经通络、松解痉挛之功；指揉手太阳经筋、手阳明经筋、手少阳经筋及循行腧穴，可促进局部气血运行，同时间接调控上肢及颈项部经脉气血运行，起到行气活血、通络止痛之效。

（三）舒筋理结

1. 操作部位 前斜角肌起止点、压痛点、项部。

2. 操作手法 拨法、拔伸法。

3. 操作步骤 患者取坐位，医者以拇指拨法施于斜角肌起止点及压痛点 3～5 遍，然后行颈椎端提拔伸法或托肘拔伸法。

4. 解析 选择拨法结合拔伸法进行舒筋理结。拨法可消瘀散结、松解粘连；颈椎拔伸法可以牵拉颈椎，牵伸松解斜角肌的痉挛，调整颈椎小关节错缝。

第三节 寰枢关节半脱位

寰枢关节半脱位，是指寰椎与枢椎因内外力学的平衡失调，致解剖位置超过生理范围无法回到正常状态，出现上部颈椎关节紊乱，进而刺激颈神经、交感神经和椎动脉，以颈项部疼痛、活动障碍、眩晕、头痛、耳鸣、恶心呕吐等为主要临床表现的病症。多由于劳损、外伤、退变、炎症等因素，导致寰椎、枢椎的轻微解剖移位，关节构成紊乱。本病在临床上又称为寰枢关节错缝、寰枢关节紊乱、寰枢关节不稳。

一、病 因 病 理

1. 先天畸形 主要有寰枢椎的先天变异或横、翼状韧带的缺陷。对称的寰枢上关节面受力均衡、稳定。当寰枢上关节面不对称时，关节面受力不均衡，倾斜度大的一侧剪力大，对侧小，使关节处于不稳定状态，易发生寰枢关节半脱位。

2. 外伤及劳损 可以造成横韧带或翼状韧带发生撕裂，或引起韧带、滑囊的充血水肿，造成寰枢关节旋转不稳并半脱位；若寰椎发生骨折也可造成寰枢椎半脱位；若因颈部过度屈曲，引起寰椎横韧带受到枢椎齿状突向后的作用力，可造成寰枢关节前脱位。

3. 咽喉部感染 反复咽喉部感染，可造成寰枢关节周围滑膜充血、水肿和渗出，导致其周围韧带松弛而发生半脱位。

二、临床表现

（一）颈项部疼痛

上颈部肌肉紧张、痉挛、疼痛不适。颈项僵直，触诊项肌痉挛，患侧可触及条索状结节，C_1～C_2棘突和横突压痛，C_1～C_2两侧不对称，局部压痛明显。

（二）颈椎活动障碍

颈椎活动受限，左或右旋转幅度小于 45°，头颈屈伸、侧屈、旋转活动功能明显受限或呈强迫保护性体位。

（三）其他表现

有的患者可出现头昏、视物不清、眼震、面部麻木等头颈综合征，可伴走路不稳，平衡障碍，共济失调。

三、诊断要点

（一）病史

本病多发生于中青年人，有落枕史、头部外伤史或慢性劳损。

（二）症状体征

（1）颈项部疼痛，颈椎活动障碍。
（2）触诊发现寰椎横突左右不对称，枢椎棘突偏歪；患侧寰枢关节囊明显隆起、压痛。

（三）实验室检查

颈椎 X 线侧位片显示寰齿前间隙（ADI）＞3mm；颈椎张口位 X 线片显示寰齿侧间隙差值（VBLADS）＞2mm；寰枢外侧关节间隙明显不对称，上下明显不平行，寰椎两侧明显不对称。

（四）经筋辨识

本书将经筋循行路线与神经卡压所造成的反射区相结合。可根据神经卡压后反射区结合患者自身症状，合理选择经筋治疗：神经卡压反射区以足少阳经筋的循行部位为主。具体经筋选择可参考神经根型颈椎病的经筋辨识部分。

四、鉴别诊断

（一）颈椎病

颈椎病是由于颈椎间盘退行性变或者骨质增生所导致的一系列临床症状综合征，影像学检查可以鉴别。

（二）落枕

落枕为颈项强痛，无手指麻木症状，起病突然，无其他颈项部症状。

五、治疗方法

（一）活血止痛

1. 操作部位 在基本治法基础上增加阿是穴及颈项局部。

2. 操作手法 按法、按揉法、拿法。

3. 操作步骤 患者取坐位，医者立其身后，以按法作用于基本治法所选穴位及阿是穴，每穴半分钟，以局部有酸胀重着为度；然后利用按揉法放松颈部肌群 1～2 分钟；最后以拿法分别放松两侧胸锁乳突肌 1～2 分钟。

4. 解析 《素问·长刺节论》言："病在筋，筋挛节痛，不可以行，名曰筋痹。"首先利用按法施术于上述穴位，可起到活血止痛之效。配合按揉法和拿法施术于颈项部肌肉，可起到活血化瘀作用，以缓解筋挛、疼痛、屈伸不利，以为下一步疏经通络做好准备。

（二）疏经通络

1. 操作部位 同基本治法所选部位，重点在颈部两侧循行经筋。

2. 操作手法 在基本治法基础上增加拨法。

3. 操作步骤 患者取坐位，术者站于患侧，医者根据颈部症状选择适合的经筋治疗，如手太阳经筋、手阳明经筋、足少阳经筋等，利用指揉法施术 1～2 分钟，如触及筋结点，以拨法施术 3～5 遍。

4. 解析 指揉颈部两侧经筋，可疏经通络，促进颈项部局部气血运行，加以拨法的强刺激，进一步剥离粘连组织，起到行气活血、松解粘连和通络止痛的作用，为下一步整复关节做好准备。

（三）理筋整复

1. 操作部位 寰枢关节。

2. 操作手法 旋转复位扳法。

3. 操作步骤 患者取坐位，颈部自然放松，术者立于患者身后，以棘突向左侧偏歪为例，一手拇指固定于偏歪的棘突，其余四指扶持颈部，另一手掌心紧贴下颌握住下巴，令患者稍低头，左手向上牵拉并向棘突偏歪侧旋转头颈部至最大限度固定定位时，右手拇指同时突然发力推顶棘突，双手协同配合行旋转复位手法，此时多可听到一声"咔嗒"声，拇指下的棘突可有轻度位移，说明该椎体被推动，手法告毕。

4. 解析 利用旋转复位扳法调整寰枢关节，进一步松解粘连，促使关节复位，缓解疼痛，改善活动功能。《医宗金鉴·正骨心法要旨》中说："夫手法者，谓以两手安置所伤之筋骨，使仍复于旧也。"手法能直接作用于错缝的寰枢关节处，具有纠正寰枢关节错位，解除肌肉痉挛，松解局部粘连的功效。

第四节　落　　枕

落枕又名“失枕”，是颈部软组织常见的损伤之一，多见于青壮年人群，男多于女，冬春季发病率较高。临床上以急性颈部肌肉痉挛、强直、酸胀、疼痛以致转动失灵为主要症状。轻者4～5日可自愈，重者疼痛严重并向头部及上肢部放射，迁延数周不愈。此病推拿疗效确切、迅速。落枕为单纯的肌肉痉挛，成年人若经常发作，常系颈椎病的前驱症状。

一、病因病理

（一）睡眠姿势不当

睡眠时枕头过高、过低或过硬，或睡姿不良，头部过度偏转，使颈部一侧肌群在较长时间内处于过度伸展牵拉位，在过度紧张状态下而发生静力性损伤，临床中主要是胸锁乳突肌、斜方肌及肩胛提肌发生痉挛。

（二）颈部损伤

颈部突然扭转或肩扛重物，致使部分肌肉扭伤，发生痉挛性疼痛，而致本病。

（三）风寒湿侵袭

夜寐肩部外露，颈肩受风寒侵袭，致使气血凝滞，肌筋不舒，经络痹阻，不通则痛，故而拘急疼痛。

感受风寒湿邪，致颈部肌肉和血管痉挛，影响血液循环，组织缺血、缺氧，引起临床症状。

二、临床表现

（一）颈项部疼痛

颈项强痛，无手指麻木，常起病突然。

（二）颈项部活动障碍

颈部活动明显受限，如左右旋转、左右侧弯、前屈与后伸等活动明显受限。颈项相对固定在某一体位，某些患者用一手扶持颈项部，减少颈部活动，可缓解症状。

三、诊断要点

（一）病史

本病多因睡眠姿势不良或感受风寒后所致。

（二）症状体征

（1）急性发病，睡眠或损伤后一侧颈部出现疼痛、酸胀，可牵涉背部或上肢，活动不利，活动时伤侧疼痛加剧，严重者头部歪向患侧。

（2）患侧肌痉挛伴压痛：胸锁乳突肌痉挛者，在胸锁乳突肌处有肌张力增高感和压痛；斜方肌痉挛者，在锁骨外 1/3 处或肩井穴处或肩胛骨内侧缘有肌紧张感和压痛；肩胛提肌痉挛者，在上 4 个颈椎横突旁和肩胛骨内上角处有肌紧张感和压痛。

（三）实验室检查

颈椎正、侧位片无异常改变，或有轻度颈椎生理弧度改变。

（四）经筋辨识

本书将经筋循行路线与神经卡压所造成的反射区相结合，合理选择经筋治疗；若无神经卡压，可根据患者自身症状所涉及的区域，与经筋循行路线相结合治疗。上肢可以选择手太阴经筋、手太阳经筋、手少阳经筋、手阳明经筋等。

四、鉴别诊断

（一）颈椎病

颈椎病是由于颈椎间盘退行性变或者骨质增生所导致的一系列临床症状综合征，影像学检查可以鉴别。

（二）寰枢关节半脱位

寰枢关节半脱位表现为颈项部疼痛，颈椎活动功能受限，可拍摄张口位 X 线片辅助鉴别。

五、治疗方法

（一）活血止痛

1. 操作部位 在基本治法基础上，增加缺盆、极泉、阿是穴及颈部、背部。

2. 操作手法 按法、揉法。

3. 操作步骤 患者取坐位，医者立于其后，在基本治法基础上，利用按法施术基本治法选穴处方及增加的缺盆、极泉、阿是穴，其中缺盆、极泉各按压 1 分钟，其他穴位各按压半分钟；然后用轻柔的揉法分别施术于患侧颈肩部肌肉 1～2 分钟。

4. 解析 落枕急性期颈项部疼痛较剧烈，活动受限。因此，本阶段治疗以按穴为主，处方配伍增加缺盆、极泉、阿是穴，可加强头颈部、上肢部气血运行，以改善急性期疼痛症状，为下一步疏经通络治疗做好准备。

（二）疏经通络

1. 操作部位 同基本治法所选部位。

2. 操作手法 在基本治法基础上增加提拿法、拨法。

3. 操作步骤 患者取坐位，医者立于患侧，在基本治法基础上，如在指揉过程中触及筋结点，以拨法施术3～5遍；提拿颈项部肌肉，由颈部向肩部操作，重点提拿胸锁乳突肌，反复操作3～5遍。

4. 解析 拨筋结点可分离组织粘连，缓解疼痛，改善颈椎活动功能；配合提拿颈部肌肉，以进一步提高痛阈，降低疼痛感，为下一步理筋整复做好准备。

（三）理筋整复

1. 操作部位 颈部、背部。

2. 操作手法 拔伸法、擦法。

3. 操作步骤 患者取坐位，医者行颈椎端提拔伸法或托肘拔伸法；施拔伸法后，利用手掌在项背部施擦法，以透热为度。

4. 解析 通过颈椎拔伸法可以牵拉颈椎，进一步缓解颈部肌群痉挛；然后利用擦法作为收式手法，以改善颈项部血液循环，促进组织修复。

思考题

1. 简述治疗神经根型颈椎病的经筋辨识选择方案。
2. 简述交感型颈椎病和神经根型颈椎病的鉴别诊断。
3. 简述前斜角肌综合征和落枕的鉴别诊断及治疗方案的异同。

第六章

腰痹痛

学习目的

熟悉腰痹痛的临床表现和治疗原则，掌握腰痹痛的基本治法；熟悉腰椎间盘突出症、腰椎椎管狭窄症、腰椎骨性关节炎、第三腰椎横突综合证、腰肌劳损、退行性腰椎滑脱症、急性腰扭伤、腰椎小关节紊乱的临床表现、诊断要点、鉴别诊断，掌握不同疾病的经筋辨识及治疗方案的加减。

腰痹痛是由多种因素导致的以腰部长期疼痛为主要表现的一种病症。主要是由于外伤、劳损或寒湿侵袭腰部所致，以腰部疼痛，活动受限，弯腰、受寒或劳损后加重为主要表现。腰痹痛既是一个独立疾病，又可以是其他疾病兼症。本章节涉及的疾病主要包括腰椎间盘突出症、腰椎椎管狭窄症、腰椎骨性关节炎、第三腰椎横突综合征、腰肌劳损、退行性腰椎滑脱症、急性腰扭伤、腰椎小关节紊乱。因骨折、脱位及妇科、肿瘤、泌尿科等其他疾病所引发的腰痛，不在此范围。

一、中医临床表现

主要症状：腰部疼痛，活动受限，活动后加重，可伴有酸胀、麻木、温度感觉异常等。根据腰痹痛的辨证分型，可分为寒湿证、湿热证、血瘀证和肝肾亏虚证四个证型，具体表现如下。

1. 寒湿证 腰腿冷痛重着，转侧不利，静卧痛不减，受寒及阴雨加重，肢体发凉。舌质淡，苔白或腻，脉沉紧或濡缓。

2. 湿热证 腰部疼痛，腿软无力，痛处伴有热感，遇热或雨天痛增，活动后痛减，恶热口渴，小便短赤。苔黄腻，脉濡数或弦数。

3. 血瘀证 腰腿痛如刺，痛有定处，日轻夜重，腰部板硬，俯仰旋转受限，痛处拒按。舌质暗紫，或有瘀斑，脉弦紧或涩。

4. 肝肾亏虚证 腰酸痛，腿膝乏力，劳累更甚，卧则减轻，咽干口渴，面色潮红，倦怠乏力，心烦失眠，多梦。舌红少苔，脉弦细数。

二、治疗原则

围绕腰痹痛"痛"的发展规律，其基本治疗原则可分为活血止痛、疏经通络。正如《医宗金鉴·正骨心法要旨》所言"按其经络，以通郁闭之气，摩其壅聚，以散瘀结之肿，其患可愈"。

推拿临证时可根据现代疾病的不同发病机制，在基本治法基础上进行加减。腰痹痛急性期患者疼痛剧烈，活动受限，此阶段推拿手法以按穴为主，待症状好转时可增加拨、斜扳等手法。

三、基本治法

（一）活血止痛

1. 操作部位 太溪、解溪、风市、冲门、承山、委中、环跳。

2. 操作手法 按法。

3. 操作步骤 患者取仰卧位，医者用拇指分别按压太溪、解溪、风市、冲门，每穴操作1分钟，以酸胀为宜，其中冲门穴按压后要徐徐将手放松，使患者下肢有热流下行之感为宜。然后患者取俯卧位，医者用拇指按压承山、委中、环跳，操作1分钟，以酸胀为宜。

4. 解析 急性期患者腰部局部疼痛较剧，活动受限，因此，本阶段治疗并没有配伍腰椎局部治疗，而是从“整体效应”思考，通过改善下肢气血运行而间接缓解腰部症状。方中所选太溪、解溪、承山、委中、风市、环跳、冲门穴均为下肢穴位。利用按法刺激处方穴位，达到促进下肢部气血运行之效，以间接改善腰骶部气血循环，改善急性期疼痛症状。

（二）疏经通络

1. 操作部位 腰背部、臀部、下肢部，以及判断患者腰椎间盘突出位置及卡压神经的反射区，或结合患者自身症状，对应选取不同经筋循行部位。

2. 操作手法 揉法、㨰法。

3. 操作步骤 患者取俯卧位，医者利用掌揉法广泛施术于患者腰背部肌肉，操作3分钟；然后利用㨰法施术于患者脊柱两侧肌肉至臀部，沿股后肌群至小腿后侧，大腿外侧至小腿外侧，每侧操作2遍；最后根据所选经筋循行部位，患者取合理体位，医者循所选经筋行走方向，自下而上做单方向的指揉操作，用力均匀、节律整齐，经过经筋所属穴位，则稍停顿，并加大指揉力度，每条经筋操作2遍。

4. 解析 利用揉法和㨰法施术于腰背部和下肢部，可放松腰背部和下肢部肌肉，降低肌张力，缓解肌肉痉挛，为经筋治疗做好准备。通过指揉经筋循行分布区域及所属穴位，可促进局部气血运行，在改善疼痛的同时，加强经筋主束骨的作用，稳固腰椎。诸法合用，共奏疏经通络、活血行气之效。

第一节 腰椎间盘突出症

腰椎间盘突出症是指由于腰椎间盘的变性、纤维环破裂，导致髓核突出刺激或压迫神经根、马尾神经所引起的以腰痛并伴有一侧或双侧下肢放射性疼痛等症状为主要特征的一种综合征。

一、病因病理

（一）内因

1. 解剖结构因素 腰椎间盘纤维环后外侧较为薄弱，虽然后纵韧带纵贯整个脊柱，但自 L_1 平面以下，后纵韧带逐渐变窄，至 L_5～S_1 宽度只有原来的 1/2。而腰骶部是承受动、静力最大的部位。故后纵韧带变窄，导致腰椎间盘纤维环后外侧成为腰椎自然结构的弱点，使髓核易向后方两侧突出。

2. 椎间盘退变 椎间盘随年龄的增长，可有不同程度的退变。由于负重和脊柱运动的不断增多和损伤累积，椎间盘经常受到各方面的挤压、牵拉和扭转应力，因而容易使椎间盘发生脱水、纤维化、萎缩、弹力下降，致脊柱内外力学平衡失调，稳定性下降，最后因外伤、劳损、受寒等外因导致纤维环破裂，髓核由该处突入椎管，造成神经卡压。

（二）外因

1. 积累性损伤 由于腰椎排列呈生理性前凸，椎间盘前厚后薄，人们在弯腰搬运重物时，由于受到体重、肌肉和韧带等张力的影响，髓核产生强大的反抗性张力。在此情况下，如腰部过度负重或扭转，很可能使髓核冲破纤维环而向侧后方突出，引起脊神经根、马尾或脊髓的刺激或压迫症状。同时，椎间盘在弯腰活动或受压时会发生形变，此时椎间盘的吸水能力降低，直至压力解除后，形变和吸水能力方能恢复。若长期从事弯腰工作，或腰部积累性劳损，致髓核长期得不到正常充盈，纤维环的营养供应也长期不足，加之腰背肌肉张力增高，导致椎间盘内压力升高，故轻微的外力也可使纤维环破裂而致髓核突出。

2. 风寒湿侵袭 长期受寒冷刺激，使腰背肌肉、血管痉挛、收缩，影响局部血液循环，进而影响椎间盘的营养供应。同时，由于肌肉紧张痉挛导致椎间盘内压力升高，特别是对于已变性的椎间盘，更可造成进一步的损害，致使髓核突出。

（三）病理分型

根据髓核突出方向，可分成向前突出、向椎体内突出和向后突出，前两种突出情况一般无明显临床症状，而向后突出因压迫刺激神经根可产生临床症状。同时，根据向后突出的方向还可以继续分为单侧型、双侧型和中央型。中央型腰椎间盘突出症要慎用推拿手法。

二、临床表现

（一）腰痛和下肢放射痛

腰部疼痛，并逐渐向一侧或双侧下肢放射，严重者不能久坐、久立，翻身转侧困难，咳嗽、喷嚏或大便用力时，因腹压增高而疼痛加重。

（二）腰部运动障碍

腰部前屈、后伸、侧弯、旋转等活动受限。

（三）主观麻木感

久病患者或神经根受压严重者常有患侧下肢麻木。中央型髓核突出可见鞍区麻痹，甚至膀胱、直肠功能障碍。

（四）脊柱变形

久病患者会出现脊柱侧弯、腰椎前凸增大、腰椎曲线变直等情况。

（五）患侧下肢体温改变

患侧自我感觉温度下降，怕冷，经与健肢对比，患肢温度确有降低。

三、诊断要点

（一）症状体征

（1）腰痛伴下肢放射性疼痛、麻木。腹压增高时，疼痛加剧。

（2）在 L_4～L_5 或 L_5～S_1 间隙、棘突旁有明显压痛点，用力按压或叩击痛处时，可引起下肢放射痛。且在居髎、环跳、委中、阳陵泉、绝骨等穴处常有不同程度的压痛。

（3）屈颈试验、直腿抬高试验及加强试验、挺腹试验及下肢后伸试验均呈阳性。

（4）踇趾背伸或跖屈力减弱或消失。

（二）实验室检查

（1）腰椎 X 线检查显示椎间隙变窄，生理前凸消失，脊柱侧弯，椎体边缘唇样增生等。

（2）CT、MRI 检查可见椎间盘后缘或后侧有局限性软组织密度影凸向椎管，有时突出物会伴有钙化，同时可见黄韧带增厚、侧隐窝狭窄；或可见硬膜囊受压移位和神经根受压移位。

（三）经筋辨识

本书将经筋循行路线与神经卡压所造成的反射区相结合。可根据神经卡压后反射区结合患者自身症状，合理选择经筋治疗：L_1 神经根卡压，可选择足太阴经筋、足少阴经筋；L_2 神经根卡压，可选择足少阴经筋、足厥阴经筋；L_3 神经根卡压，可选择足厥阴经筋、足少阴经筋；L_4 神经根卡压，可选择足阳明经筋、足厥阴经筋、足少阴经筋；L_5 神经根卡压，可选择足少阳经筋；S_1 神经根卡压，可选择足太阳经筋。

四、鉴别诊断

（一）急性腰扭伤

急性腰扭伤有明显扭伤史，腰痛剧烈，无坐骨神经放射痛；无踇趾背伸、跖屈肌力改变，无皮肤感觉异常；直腿抬高及加强试验阴性。

（二）腰椎椎管狭窄症

腰椎椎管狭窄症以间歇性跛行、主诉症状多而体征少为主要特征，腰腿部症状不明显。一般步行 200～300m 后下肢可感酸困、麻木、无力，须蹲下休息 3～5 分钟后方能继续行走。

（三）腰椎压缩性骨折

腰椎压缩性骨折有明确的外伤史，以脊柱胸腰段明显压痛为主要表现，X 线提示有明确的腰椎椎体前缘楔形改变或附件骨折。陈旧性腰椎压缩性骨折腰痛呈持续性，阴雨天或天气变化时尤其明显，有不同程度的腰部功能障碍。

五、治疗方法

操作视频请扫码

（一）活血止痛

1. 操作部位 在基本治法基础上，增加殷门、承扶穴。

2. 操作手法 按法。

3. 操作步骤 操作方法同基本治法操作，穴位增加殷门、承扶穴。

4. 解析 方中增加的两个穴位也均为下肢穴，具有行气止痛，强健腰膝的作用。殷门、承扶可与基本治法中的委中穴连成一线，便于操作的同时，可增强基本治法的止痛效果。

（二）疏经通络

1. 操作部位 在基本治法基础上，根据腰椎间盘突出位置卡压神经的反射区，结合患者自身症状，对应选取不同经筋循行部位，腰椎间盘突出相应节段的体表部位。

2. 操作手法 在基本治法基础上，增加按法。

3. 操作步骤 在基本治法基础上，根据神经卡压位置（如 L_5～S_1 卡压，可选择足少阳经筋和足太阳经筋）取合理体位，医者循所选经筋行走方向，自下而上做单方向的指揉操作，用力均匀、节律整齐，治疗过程中经过经筋所属穴位稍停顿，并加大指揉力量，每条经筋操作 2 遍。最后根据椎间盘突出的相应节段，医者用双手拇指指腹重叠与脊柱成 45°向椎间孔方向点按，持续 5 秒，重复 5 次。

4. 解析 此阶段治疗方案为先以揉法和㨰法降低腰背部和下肢部肌肉肌张力，缓解肌肉痉挛，配以与腰椎间盘突出所契合的经筋循经指揉，改善腰部和下肢关节的活动功能，最后增加侧向对椎间孔的点按手法，可以消除突出髓核对周围组织及神经根的刺激，以进一步促进神经根水肿的吸收。

（三）理筋整复

1. 操作部位 腰部、臀部、下肢部。

2. 操作手法 拨法、斜扳法、后伸扳法。

3. 操作步骤 患者取俯卧位，医者用拨法沿脊柱两侧腰椎段及臀部坐骨神经分布区域施术，时间 1～2 分钟；患者取侧卧位，医者采用斜扳法，左右各一次；患者再取俯卧位，医者做双下肢后伸扳法，用力不可过猛；然后患者取仰卧位，做强制直腿抬高动作，反复 5 次。

4. 解析 此阶段患者的腰痛会有所减轻，故可以选择拨法结合整复类手法进行理筋整复。首先通过拨法对粘连的组织进行剥离，以便为整复类手法的施术做好准备；斜扳法可调整后关节紊乱，进一步松解粘连，改善腰椎结构的异常位置；后伸扳法可牵拉前纵韧带，使前纵韧带弛缓放松，加宽椎体前部的间隙，进而改变突出物与神经根的位置，增加椎间盘外周的压力，减轻疼痛，逐步恢复其功能。再通过直腿抬高动作，反复牵拉股神经、坐骨神经和腘绳肌，起到松解粘连的作用，同时可以使脊椎后部和后纵韧带牵拉，增加椎间盘外周压力，相对减轻椎间盘内的压力。

第二节 腰椎椎管狭窄症

腰椎椎管狭窄症是指构成椎管的脊椎、软骨和软组织异常，导致腰椎椎管、神经根管及椎间孔变形或狭窄，压迫马尾神经或脊神经根，而引起一系列以腰腿痛为主的临床症状和体征，又称腰椎椎管狭窄综合征。本病多发于40岁以上的中年人。

一、病因病理

现代解剖学认为椎管是一骨性、纤维性管道，其内容物有脊髓、脊神经根、被膜、血管和少量结缔组织，前壁由椎体、椎间盘和后纵韧带构成，后壁为椎弓板及连于其间的黄韧带，两侧壁为椎弓根和椎间孔。本病的病因一般分为以下两类。

（一）原发因素

由于先天发育因素所致椎管腔狭小者，即原发性椎管狭窄，出现症状者较少见。如先天性椎弓根短促、椎板增厚、隐性脊椎裂均可引起椎管狭小。

（二）继发因素

后天多种因素所致椎管腔狭小者，即为继发性椎管狭窄。临床上，继发性椎管狭窄大多是在椎管发育性狭窄的基础上，随着年龄增长，性别的差异与职业不同，继发椎管的骨性结构增生、纤维组织增厚，造成椎管和神经根管狭窄，出现临床症状、体征。

1. 黄韧带肥厚 脊柱的退行性改变引起椎间盘变性萎缩，椎间盘厚度变薄，使黄韧带肥厚、松弛，当腰部后伸时黄韧带易发生皱褶凸入椎管内，使管腔狭小。椎间盘变性萎缩，使椎间隙变窄，椎骨间的韧带及小关节囊松弛，脊柱稳定性降低，椎体相对位置易发生改变，甚者引起椎体假性滑脱，造成椎管和神经根管狭窄，出现临床症状、体征。

2. 骨性管壁增生肥大 椎体后缘唇样增生，腰椎关节突关节增生肥大、椎板增生肥厚、椎弓根增生变粗均是导致骨性管腔进一步狭窄的因素。椎体后缘的唇凸与小关节的肥大可致椎管的侧隐窝及椎间孔前后径变小，单侧神经根受压；椎弓根增生变粗及椎板增生肥厚，可导致椎管横径狭小，马尾神经受压。

3. 外伤 凡是外伤造成的脊柱解剖关系异常均可引起椎管狭窄，此类狭窄往往是硬膜外血肿机化，产生局部粘连。个别严重损伤，如椎骨骨折片凸入椎管，骨折愈合形成骨痂，医源性脊柱外科手术导致的椎管狭窄，均可产生椎管相应部位的狭窄，出现临床症状及体征。

4. 其他 硬膜外组织变性、椎管内静脉曲张等。

二、临床表现

（一）腰痛

腰痛多因腰后伸、站立或行走而加重，下蹲或卧床休息后缓解。

（二）间歇性跛行

间歇性跛行为本病的重要特征。在站立或行走时，出现腰痛腿痛，下肢麻木无力。若继续行走，可有下肢发软或迈步不稳。当停止行走或蹲下休息时，疼痛亦随之减轻或缓解。若再行走时症状又重新出现。尽管步行症状明显，但骑自行车时往往并无妨碍。根据病情的发展，症状可由初期的间歇性发作发展到持续性加重。病程久者，则出现下肢肌肉萎缩、肌力减退和腱反射异常。

（三）神经损害症状

病情严重者，可引起尿急或排尿困难，双下肢不全瘫，马鞍区麻木、肢体感觉减退。

三、诊断要点

（一）病史

本病发病在 40 岁以上，以间歇性跛行与疼痛为主症。

（二）症状体征

（1）腰部后伸时，下腰部疼痛及下肢疼痛、麻胀沉胀感加重。

（2）站立、行走时疼痛，下蹲位或卧位症状减轻或消失。

（3）症状和体征不一致也是本病特点之一。一般自觉症状较重，而阳性体征较少。脊柱可有侧弯，生理前凸可减小，腰部后伸受限。直腿抬高试验阴性，如为神经根管狭窄则可出现阳性。肌力减弱，下肢感觉障碍，腱反射减弱或消失。如果马尾神经受压，可出现马鞍区麻木或肛门括约肌功能障碍。

（4）椎管狭窄的标准：①腰椎椎管的横径（两侧椎弓根内缘的间距）＜20mm，前后径（椎体后缘至棘突基底部的间距）＜15mm，即视为椎管狭窄；②椎管前后径乘横径与椎体前后径乘横径的比例，正常为 1∶4.5，如椎管径比例小于此数者，应视为骨性椎管狭窄。

（三）实验室检查

（1）X 线平片：发育性或混合性椎管狭窄者，主要表现为椎管矢状径小，椎板、关节突及椎弓根异常肥厚，两侧小关节移向中线，椎板间隙窄；退变者有明显的骨质增生。在侧位片上可测量椎管矢状径，15mm 以下者示椎管狭窄，在附加因素下可出现症状，也可用椎管与椎体的比值来判定是否狭窄。

（2）CT、CTM 及 MRI 检查：CT 检查可显示椎管及神经根管断面形态，但不易了解狭窄全貌；CTM 除可了解骨性结构外，尚可明确硬膜囊受压情况，目前应用较多；MRI 检查更可显示腰椎椎管的全貌，目前大多数医师已将其作为常规检查。

（四）经筋辨识

本书将经筋循行路线与神经卡压所造成的反射区相结合。可根据神经卡压后反射区结合患者自身症状，合理选择经筋治疗：L_1 神经根卡压，可选择足太阴经筋、足少阴经筋；L_2 神经根卡压，可选择足少阴经筋、足厥阴经筋；L_3 神经根卡压，可选择足厥阴经筋、足少阴经筋；L_4 神经根卡压，可选择足阳明经筋、足厥阴经筋、足少阴经筋；L_5 神经根卡压，可选择足少阳经筋；骶神经卡压，可选择足阳明经筋、足太阴经筋、足太阳经筋、足少阴经筋、足厥阴经筋。

四、鉴别诊断

（一）血栓闭塞性脉管炎

血栓闭塞性脉管炎为缓慢性、进行性动静脉同时受累的全身性疾病，除下肢疼痛、麻木、酸胀外可见足背动脉和胫后动脉搏动减弱或消失，后期可产生肢体远端溃疡或坏死。

（二）腰椎间盘突出症

腰痛伴一侧或双侧下肢疼痛、麻木，呈阵发性加剧。腰部活动受限，尤以屈伸为主。脊柱侧弯，直腿抬高试验和加强试验阳性，受累节段棘突旁压痛阳性、放射痛阳性，CT、MR 可见椎间盘突出。该病在 20～40 岁发病率较高，而与腰椎椎管狭窄同时出现时，40 岁以上者腰椎椎管狭窄多为椎管内主要病理现象。

五、治疗方法

（一）活血止痛

1. 操作部位 在基本治法基础上，增加足三里、阳陵泉、腰骶部阿是穴。

2. 操作手法 按法。

3. 操作步骤 操作方法同基本治法操作，穴位增加足三里、阳陵泉、腰骶部阿是穴。

4. 解析 本病引起的痛点分布广泛。《医宗金鉴》认为运用手法“按其经络，以通郁闭之气，摩其壅聚，以散瘀结之肿，其患可愈”。通过增加下肢的足三里、阳陵泉和阿是穴，可以增强行气活血止痛之效。

（二）疏经通络

1. 操作部位 在基本治法基础上，根据腰椎间盘突出位置卡压神经的反射区，结合患者自身症状，对应选取不同经筋循行部位（具体经筋选择方案请参考诊断要点）。

2. 操作手法 在基本治法基础上，增加按法、擦法。

3. 操作步骤 在基本治法基础上，在痛点、筋结处由轻到重施以拇指或肘尖点按法（骨质疏松患者及老年人禁用肘按法）；然后根据所选经筋循行部位，做单方向的指揉操作，治疗过程中经过经筋所属穴位稍停顿，并加大指揉力量，每条经筋操作 2 遍。最后在腰骶部施以擦法，以透热为度。

4. 解析 针对痛点和筋结处进行点按，可起到活血止痛、松解粘连之效；配合指揉经筋的循行区域及穴位，可进一步增强行气活血止痛的作用，同时发挥经筋主束骨，利关节的作用，改善腰部和下肢关节的活动功能；最后辅以擦法，进一步促进腰部气血运行，起到活血化瘀、舒筋活络之效。

（三）理筋整复

1. 操作部位 脊柱两侧、腰骶部、臀部、下肢部。

2. 操作手法 拨法、揉法、拔伸法。

3. 操作步骤 患者取俯卧位，医者先用拨法在脊柱两侧、腰骶三角、臀部外侧和患侧下肢操作，重点为局部痛点和筋结点，以局部酸胀、筋结松弛为度。每弹拨一遍，按揉一遍，二者交替操作。然后令患者抓住床头，或一助手站于床头，双手拉住患者腋下，固定患者肩部。医者站于床尾，握住患者双踝部，利用身体重力沿纵轴方向进行对抗拔伸患者的腰部 2 分钟，拔伸力度以患者能耐受为限。

4. 解析 拨法可以松解粘连组织，与揉法相互配合交替进行，这种轻重交替，刚柔并济的操作，可以有效避免因局部过度刺激而引起的充血，进而形成新的无菌性炎症，为下一步拔伸法做好准备。本病的关键是腰椎椎管、神经根管及椎间孔的变形或狭窄，腰部拔伸法可以增大腰椎的椎间隙，减小椎间盘内的压力，从而改善神经根卡压后引起的腰腿痛症状。临床上可以配合牵引床进行腰椎牵引。

第三节 腰椎骨性关节炎

腰椎骨性关节炎是指以腰椎体边缘唇样增生和小关节的肥大性改变为主要病理变化的一种椎骨关节炎，故又称“增生性脊柱炎”“肥大性脊柱炎”“脊椎骨关节炎”“老年性脊柱炎”等。本病起病缓慢，病程较长，症状迁延，多见于中老年人，男性多于女性。体态肥胖、体力劳动者及运动员等发病则偏早。

一、病 因 病 理

（一）原发性腰椎骨性关节炎

原发性腰椎骨性关节炎为老年生理性退变，人到中年，随着年龄的增长人体各组织器官逐渐衰退，骨质开始出现退行性改变。这种改变主要表现在机体各部组织细胞所含水分和胶质减少，而游离钙质增加，其生理功能也随之衰退。腰椎椎体边缘形成不同程度的骨赘，椎间盘发生变性，椎间隙变窄，椎间孔缩小，椎周组织反应性变化刺激或压迫周围神经，而引起腰腿疼痛。

（二）继发性腰椎骨性关节炎

继发性腰椎骨性关节炎常由于各种损伤、慢性炎症、新陈代谢障碍或内分泌紊乱等因素，影响到骨关节软骨板的血液循环和营养供给，从而导致软骨的炎性改变和软骨下骨反应性骨质增生，引起腰腿痛。

（三）病理机制

本病主要的病理机制为关节软骨的变性、椎间盘的退行性改变。人体在中壮年以后，椎体周围关节的软骨弹性降低，其边缘、关节囊、韧带等附着处，逐渐形成保护性的骨质增生。椎间盘退变表现为髓核内的纤维组织增多，髓核逐渐变性，椎间盘萎缩，椎间隙变窄，椎间孔变小，而这些又加速了髓核和纤维环的变性。椎间盘退变使脊柱失去椎间盘的缓冲，椎体前、后缘应力增加，所受压力明显增大，椎体两端不断受到震荡、冲击和磨损，引起骨质增生。椎体受压和磨损的时间越长，骨质增生形成的机会越多。此外，在椎间盘变性的同时，也会发生老年性的骨质疏松现象，削弱了椎体对压力的承重负荷能力。

二、临床表现

(一)慢性腰腿疼痛

一般腰痛并不剧烈，仅感腰部酸痛不适，活动不太灵活，或有束缚感。晨起或久坐起立时腰痛明显，而稍事活动后疼痛减轻，过度疲劳、阴雨天气或受风寒后症状又会加重。腰痛有时可牵涉臀部及大腿外侧部。

(二)腰肌紧张

两侧腰肌紧张、局限性压痛，有时腰椎棘突有叩击痛。臀上皮神经和股外侧皮神经分布区按之酸痛。急性发作时腰部压痛明显，肌肉痉挛，脊柱运动受限。

(三)腰椎曲度改变

腰椎向前的生理弧度减小或消失，明显者可见圆背。

三、诊断要点

(一)病史

本病发病在40岁以上，常有脊柱反复扭伤或积累性损伤的病史。

(二)症状体征

(1)脊柱僵硬及相关区域疼痛或酸痛不适，肢体易疲劳或伴有非典型的神经症状，腰部活动受限。

(2)腰椎棘突可有叩击痛，直腿抬高试验、后伸试验可呈阳性。

(三)实验室检查

X线片检查可显示腰椎体边缘骨质增生、唇样改变或骨桥形成。椎间隙变窄或不规则，关节突模糊不清。

(四)经筋辨识

本书将经筋循行路线与神经卡压所造成的反射区相结合，合理选择经筋治疗；若无神经卡压，可根据患者自身症状所涉及的区域，与经筋循行路线相结合治疗。下肢可以选择足太阴经筋、足少阴经筋、足厥阴经筋、足阳明经筋等。

四、鉴别诊断

(一)腰椎间盘突出症

腰椎间盘突出症表现为腰痛伴一侧或双侧下肢疼痛、麻木，呈阵发性加剧。腰部活动受限，尤以屈伸为主。脊柱侧弯，直腿抬高试验和加强试验阳性，受累节段棘突旁压痛阳性、放射痛阳性，CT、MRI 可见椎间盘突出。

（二）腰椎结核

腰椎结核一般只有腰痛，少有根性痛。且患者往往有较明显的全身症状，如低热、盗汗、消瘦、血沉加快。X 线平片可见骨质破坏，椎间隙变窄，腰大肌寒性脓肿等改变。

（三）椎管内肿瘤

椎管内肿瘤可刺激和压迫神经根引起腰痛及下肢疼痛，也可压迫马尾神经，引起马尾综合征。临床椎管内肿瘤特点：腰痛呈持续性剧痛，夜间尤甚，往往需用镇静药物后才可入睡，平卧不能缓解腰痛，MRI 可见椎管内占位性病变。

五、治 疗 方 法

（一）活血止痛

1. 操作部位 在基本治法基础上，选取腰部起病节段相应部位阿是穴。

2. 操作手法 按法。

3. 操作步骤 操作方法同基本治法操作，增加局部阿是穴。

4. 解析 在基本治法基础上，增加局部阿是穴，共奏行气止痛，松解筋结之效。

（二）疏经通络

1. 操作部位 在基本治法基础上，增加足太阳膀胱经的三焦俞到八髎一线。

2. 操作手法 在基本治法基础上，增加按法、按揉法。

3. 操作步骤 在基本治法操作基础上，患者取俯卧位，医者用拇指端或肘尖（骨质疏松患者及老年人禁用肘按法），从胸腰段沿夹脊穴到骶骨后侧，由轻到重，再由重到轻做点按操作，左右各操作 2 遍；再用拇指端或肘尖沿足太阳膀胱经的三焦俞到八髎一线，由轻到重，再由重到轻做点按操作，左右各操作 2 遍；可根据患者局部症状结合经筋循行路线进行指揉操作，可选择足太阴经筋、足少阴经筋、足厥阴经筋、足阳明经筋等；然后医者从上至下按揉脊椎两旁肌肉，操作时可以带动腰部轻轻晃动。

4. 解析 通过对腰夹脊线和足太阳膀胱经腧穴的点按操作，配合基本治法中的揉法、㨰法，可以全面松解腰椎相关肌群，解除肌肉的痉挛状态，松解粘连，为下一步的整复手法做好准备。

（三）理筋整复

1. 操作部位 腰骶部、患侧下肢。

2. 操作手法 拨法、斜扳法、扳按法、擦法。

3. 操作步骤 患者取俯卧位，然后用双拇指相叠，沿足太阳经筋的腰椎横突侧面做拨法，同时，使患者腰部左右晃动，左右各操作 3 遍；最后沿督脉腰段及脊柱两侧夹脊穴用掌擦法，腰骶部用横擦法治疗，以透热为度。而后令患者取侧卧位，医者采用斜扳法，左右各一次。然后患者取俯卧位，医者行患侧的扳按法，扳按用力不宜过猛。

4. 解析 通过对腰夹脊线、背俞线和横突线的拨法操作，配合腰骶部擦法，可以进一步松解腰骶部相关肌群，降低肌张力，改善关节活动度；最后利用斜扳法和板按法调整后关节紊乱，进一步松解粘连，缓解疼痛，改善活动功能。

第四节 第三腰椎横突综合征

第三腰椎横突综合征是以 L_3 横突部明显压痛为特征的慢性腰痛，又称第三腰椎横突周围炎，或第三腰椎横突滑囊炎。本病是腰肌筋膜劳损的一种类型，多数为一侧发病，部分患者可有两侧发病。本病好发于青壮年体力劳动者。

一、病因病理

腰椎横突是胸腰筋膜前层的附着点，各横突间有横突间肌和横突间韧带相连；又是腰方肌、横突棘肌的起点，腹内斜肌和腹横肌也通过腱膜起于此处；肌肉和筋膜对腰部稳定性和运动性有重要作用。

（一）解剖结构因素

L_3 横突较其他腰椎横突长，横突上附着的肌肉、韧带及筋膜等所受到拉力亦大，而 L_1～L_3 脊神经后支穿过横突的肌筋膜行于横突背侧。其中 L_2 脊神经后外侧支正好紧贴 L_3 横突下行。这种以 L_3 横突为中心，肌肉-筋膜-L_2 脊神经后外侧支的特殊结构，成为第三腰椎横突综合征发生的解剖基础。

（二）急性损伤

正常时，两侧横突附近的肌肉、筋膜及韧带相互拮抗或协同作用，以维持人体的动态平衡。若因一侧腰部肌肉、韧带和筋膜收缩或痉挛时，其同侧或对侧均可在肌力牵拉的作用与反作用下遭受损伤。尤其是腰部在前屈或侧屈活动时，因外力牵拉，使附着在 L_3 横突上的肌肉、筋膜超过其承受能力而致损伤。严重时可并发 L_3 横突撕脱性骨折。

（三）慢性劳损

由于 L_3 横突过长，在长期弯腰劳动中，肌筋膜产生慢性牵拉性损伤；或因急性损伤后，未能及时治疗或治疗不当；或因反复多次损伤致横突周围发生水肿、渗出，产生纤维变性；或形成瘢痕粘连、筋膜增厚、肌肉挛缩等病理改变，导致穿过肌筋膜的血管神经束受到刺激性压迫，影响神经的血供和营养，使神经水肿变粗而出现 L_3 横突周围乃至臀部、大腿后侧及臀上皮神经分布区域的疼痛。

二、临床表现

（一）腰部疼痛

腰部常有疲劳、不适感、疼痛等表现，疼痛常以一侧为甚，呈弥漫性。少数患者可出现间歇性酸胀无力、疼痛，可牵涉臀部、股后部及股内侧等部位。

（二）疼痛活动后减轻

腰痛多呈持续性，劳累、天气变化、晨起或弯腰时加重，稍事活动后疼痛减轻。

三、诊断要点

（一）病史

本病有腰部外伤或劳损史。

（二）症状体征

（1）一侧或双侧的 L_3 横突顶端有局限性压痛，可触及纤维性结节状或囊性样肿胀。
（2）臀中肌后缘可触及紧张的条索合并股内收肌紧张。
（3）活动功能基本正常。急性发作时，腰部活动功能可明显受限。
（4）直腿抬高试验可为阳性。

（三）实验室检查

X 线检查可发现 L_3 横突明显过长，远端边缘部有钙化阴影，或左右横突不对称、畸形等。

（四）经筋辨识

本书将经筋循行路线与神经卡压所造成的反射区相结合。可根据神经卡压后反射区结合患者自身症状，合理选择经筋治疗。因为 L_2 脊神经后外侧支紧贴 L_3 横突下行，故出现神经卡压症状时，可选择足少阴经筋、足厥阴经筋治疗。

四、鉴别诊断

（一）腰肌劳损

腰肌劳损压痛范围广泛，除腰部外，腰骶部或臀部有时也有压痛。而第三腰椎横突综合征压痛比较局限。

（二）梨状肌综合征

梨状肌综合征疼痛从臀部开始，可沿坐骨神经分布区域出现下肢放射痛，但无腰痛症状。压痛点局限在臀部梨状肌体表投影区。梨状肌紧张试验阳性。

（三）腰椎间盘突出症

腰椎间盘突出症表现为腰痛伴一侧或双侧下肢疼痛、麻木，呈阵发性加剧。腰部活动受限，尤以屈伸为主。脊柱侧弯，直腿抬高试验和加强试验阳性，受累节段棘突旁压痛阳性、放射痛阳性，CT、MRI 可见椎间盘突出。

五、治 疗 方 法

（一）活血止痛

1. 操作部位 在基本治法基础上增加肾俞、大肠俞、志室。

2. 操作手法 按法。

3. 操作步骤 同基本治法操作，穴位增加肾俞、大肠俞、志室等穴。

4. 解析 方中增加的穴位针对 L_3 局部肌肉及筋结位置，具有行气止痛、松筋健脊的作用。配合基本治法取穴，可增强基本治法的止痛效果。

（二）疏经通络

1. 操作部位 在基本治法基础上增加患侧 L_3 横突，双侧足太阳经筋循行部位。

2. 操作手法 在基本治法基础上增加按法。

3. 操作步骤 在基本治法基础上，患者取俯卧位，医者利用点按法施术于患侧 L_3 横突上，时间为 1 分钟，以酸胀为宜；然后沿着足太阳经筋循行路线从下到上，在大腿后侧、臀部、骶骨背面、脊柱两侧进行指揉操作，治疗过程中经过经筋所属穴位稍停顿，并加大指揉力量，每侧操作 2 遍。

4. 解析 足太阳经筋“结于臀，上挟脊，上项”，通过按揉腰臀部经筋及 L_4～L_5 平面两侧骶棘肌外缘的手法干预，既能放松经筋所过之处的筋结条索，又可以松解肌肉痉挛，缓解神经卡压症状，为下一步的手法操作奠定基础。同时根据“经脉所过，主治所及”的原则，指揉膀胱经腧穴，还可起到活血通脉，通络止痛的作用。

（三）理筋整复

1. 操作部位 患侧 L_3 横突处、腰部。

2. 操作手法 拨法、按揉法、斜扳法、扳按法、擦法。

3. 操作步骤 患者取俯卧位，医者用一手拇指在 L_3 横突处对结节样或条索状硬块进行弹拨，操作时要围绕横突的顶端、上侧面、下侧面和腹侧面进行操作，用力由轻到重，弹拨与按揉交替进行，时间约 3 分钟。然后令患者取侧卧位，医者采用斜扳法，左右各一次。再令患者取俯卧位，医者行患侧的扳按法，扳按用力不宜过猛。最后在病变侧沿竖脊肌走向做上下往返的擦法，以透热为度。

4. 解析 《灵枢·刺节真邪》提出：“坚紧者，破而散之，气下乃止，此所谓以解结者也。”本病病位明确，痛点、筋结点集中在 L_3 横突周围。在其周围的拨法和按揉法结合操作可有效解除软组织粘连，消除局部水肿，起到通络止痛的作用。《素问·生气通天论》云：“骨正筋柔，气血以流。”利用斜扳法和扳按法可纠正 L_3 的旋转移位，进一步松解粘连，改善腰椎活动功能；最后辅以擦法可以温通经络，促进局部气血运行，从而加速局部炎症的吸收。

第五节 腰 肌 劳 损

腰肌劳损系指腰部肌肉、筋膜、韧带等组织的慢性疲劳性损伤。本病好发于体力劳动者和长期静坐缺乏运动的文职人员。

一、病因病理

（一）积累性损伤

腰肌劳损是一种积累性损伤，主要由于腰部肌肉疲劳过度，如长时间的弯腰工作，或由于习惯性姿势不良，或由于长时间处于某一固定体位，使肌肉、筋膜及韧带持续牵拉，令肌肉内压力增加，血供受阻，肌纤维在收缩时消耗的能源得不到补充，产生大量乳酸，加之代谢产物得不到及时清除，积聚过多，而引起炎症、粘连。如此反复，日久即可导致组织变性、增厚及挛缩，并刺激相应的神经而引起慢性腰痛。

（二）失治误治

腰部肌肉急性扭伤之后，没有得到及时有效的治疗或治疗不彻底，或反复多次损伤，迁延日久致使受伤的组织未得到充分修复而发生变性；局部存在慢性无菌性炎症，微循环障碍，乳酸等代谢产物堆积，刺激神经末梢而引起症状；加之受损的肌纤维变性或瘢痕化，也可刺激或压迫神经末梢而引起慢性腰痛。

（三）风寒湿侵袭

长期受风寒湿邪刺激，使腰背肌肉紧张，毛细血管痉挛、收缩，腰部筋膜及肌肉组织的代谢过程受到严重影响；长期营养障碍，使筋肉发生纤维变性而导致慢性腰痛。

（四）先天畸形

腰椎有先天性畸形和解剖结构缺陷，如腰椎骶化、先天性隐性裂、腰椎滑移等，引起腰脊柱平衡失调，腰肌功能下降，造成腰部肌肉、筋膜劳损。其病理表现为肌筋膜渗出性炎症、水肿、粘连、纤维变性等改变，刺激脊神经后支而产生持续性腰痛。

二、临床表现

（一）长期腰背痛

长期腰部酸痛或胀痛，部分呈刺痛或灼痛，少数患者有臀部及大腿后外侧酸胀痛，一般不过膝；腰痛症状时重时轻、反复发作。

（二）怕冷喜暖

每遇天气变化，劳累时加重，休息时减轻；适当活动和经常改变体位时减轻。腰部怕冷喜暖，常喜欢用双手捶腰或做叉腰后伸动作，以减轻疼痛。

（三）腰部牵掣感

腰部活动无明显障碍，但活动中幅度较大可有牵掣感。

三、诊断要点

（一）病史

本病有长期慢性腰痛史，反复发作病史。

（二）症状体征

（1）腰部有压痛点，多在骶棘肌处、髂嵴后部、骶骨后骶棘肌止点处或腰椎横突处。

（2）脊柱外观正常，腰部活动一般无明显影响。急性发作时可有腰部活动受限、脊柱侧弯等改变。

（3）神经系统检查多无异常，直腿抬高试验正常。

（三）实验室检查

X线检查一般无明显异常。部分患者可见脊柱生理弧度改变、骨质增生等；有先天畸形或解剖结构缺陷者，可见L_5骶化、S_1骶化、隐性脊柱裂等。

（四）经筋辨识

本书将经筋循行路线与神经卡压所造成的反射区相结合，合理选择经筋治疗；若无神经卡压，可根据患者自身症状所涉及的区域，与经筋循行路线相结合治疗。下肢可以选择足太阴经筋、足少阴经筋、足厥阴经筋、足阳明经筋等。

四、鉴别诊断

（一）腰椎骨性关节炎

腰椎骨性关节炎腰痛主要表现为休息痛，即夜间、清晨腰痛明显，起床活动后腰痛减轻。脊柱后伸功能稍差。X线检查可见腰椎骨钙质沉着和椎体边缘增生骨赘。

（二）腰椎结核

腰椎结核有低热、盗汗、消瘦等全身症状。血沉加快。X线检查可见腰椎骨质破坏或椎旁脓肿。

（三）腰椎间盘突出症

腰椎间盘突出症表现为腰痛伴一侧或双侧下肢疼痛、麻木，呈阵发性加剧。腰部活动受限，尤以屈伸为主。脊柱侧弯，直腿抬高试验和加强试验阳性，受累节段棘突旁压痛阳性、放射痛阳性，CT、MRI可见椎间盘突出。

五、治疗方法

在腰痹痛基本治法基础上，根据腰肌劳损自身发病特点，增加相应治疗方法。

（一）活血止痛

1. 操作部位 在基本治法基础上，增加三焦俞、肾俞、大肠俞、膀胱俞、志室、居髎。

2. 操作手法 按法。

3. 操作步骤 操作方法同基本治法，穴位处方增加三焦俞、肾俞、大肠俞、膀胱俞、志室、居髎。

4. 解析 方中增加的穴位在腰部局部，配伍基本治法的下肢穴位，远端与局部效用相应，相得益彰，具有行气止痛，松筋健腰的作用。

（二）疏经通络

1. 操作部位 在基本治法基础上，增加足太阳经筋、足少阳经筋循行于腰骶部、臀部的区域。

2. 操作手法 在基本治法基础上增加拨法、按法。

3. 操作步骤 患者取俯卧位，医者沿足太阳经筋、足少阳经筋循行于腰骶部、臀部的区域，自下而上做指揉法，治疗过程中经过经筋所属穴位稍停顿，并加大指揉力量，每条经筋操作 2 遍；然后从上到下弹拨竖脊肌，每侧 3 遍，重点在局部痛点、筋结点操作。

4. 解析 在基本治法基础上，增加足太阳经筋、足少阳经筋循行治疗和局部组织的拨法，可以进一步松解腰背部肌肉，增加肌肉的延展性，恢复肌肉的弹性。

（三）理筋整复

1. 操作部位 腰骶部、下肢部。

2. 操作手法 擦法、斜扳法。

3. 操作步骤 患者取俯卧位，医者沿督脉腰段及两侧膀胱经用直擦法，横擦腰骶部，以透热为度。然后令患者取侧卧位，医者采用斜扳法，左右各一次。

4. 解析 《素问·脉要精微论》曰："腰者肾之府，转摇不能，肾将惫矣。"本病以肾虚为本，运用擦法在腰骶部的操作，具有温通气血、健肾壮腰的作用。《素问·生气通天论》云："骨正筋柔，气血以流。"利用斜扳手法纠正腰椎的旋转移位，相关肌肉因受到快速有力的伸展而出现反射性松弛，从而改善肌肉的病理状态，缓解局部疼痛。

第六节 退行性腰椎滑脱症

退行性腰椎滑脱症是由于椎间盘、关节突关节及周围韧带的长期退变、松弛而导致的椎间关节失稳，表现为上位椎体相对于下位椎体向前、向后或向侧方发生滑移。其中，以腰椎向前滑脱较常见，多见于中老年人，女性发病率高于男性。滑脱部位以 L_4 多见，其次为 L_3 和 L_5。临床以腰骶部酸痛，腰椎生理弧度加大，严重时可见坐骨神经受累症状为主要表现。

一、病因病理

（一）腰椎间盘退变

中年以后椎间盘退变，水分减少，纤维环松弛，失去弹性，椎间盘变窄，缓冲作用消失。

下腰椎旋转由髓核移至小关节，同时小关节韧带松弛，过度活动和受载荷尤其是前屈旋转时应力增加，关节面咬合不稳，形成滑脱。

（二）腰椎结构改变

L_5有强大的肌肉和韧带支持，相对较稳定。L_4所受压力集中。L_4通常高于两髂嵴连线，缺少骨盆及软组织支持，腰椎前屈时小关节阻挡L_4前滑力小，易于滑脱。腰椎小关节呈W形、关节面呈矢状位者，滑脱较易发生。

（三）其他

女性腰椎关节面稳定性较男性差，月经期或绝经后内分泌改变，导致韧带松弛、肌肉力量下降，易发生腰椎滑脱。

二、临床表现

退行性腰椎滑脱症多为缓慢发病，症状呈渐进性加重，经休息后可以得到部分缓解。其特点如下。

（一）腰痛

在退行性腰椎滑脱症患者中，有些合并滑脱节段的失稳，所以常表现为与腰部活动有明确关系的疼痛，疼痛范围包括腰部和臀部，在静止休息后症状缓解。查体时在滑脱节段的棘突、棘突旁可触及压痛点，在滑脱较严重或患者较瘦时可触及棘突间的“台阶感”。

（二）间歇性跛行

间歇性跛行主要表现为直立、行走后出现腰部、臀部、股部及小腿后部的酸胀、疼痛，蹲坐或卧位休息后缓解。此为退行性腰椎滑脱症患者最常见的症状，主要由于腰椎滑脱后，产生局限性中央型椎管狭窄，疼痛的产生机制详见椎管狭窄症。此类患者在查体时常无明显体征，特点为“主诉重于体征”，偶见小腿或足部局域性感觉障碍。

（三）根性疼痛

根性疼痛表现为一侧或双侧下肢疼痛，亦可出现放射性疼痛。腰椎滑脱的移位可以产生相应节段的神经根牵拉，关节突增生退变可引起局限性神经通道狭窄。这种情况下，查体常可发现受压迫神经根分布区域的运动、感觉异常。

三、诊断要点

（一）病史

本病常发生于中老年人，女性多见，多有慢性腰痛史或腰部外伤史。

（二）症状体征

（1）慢性腰痛，多伴臀部及下肢的放射痛，有牵拉、酸胀、灼痛、麻木等感觉，坐位和卧位休息时腰腿痛可减轻，站立、行走或劳累后加重，严重者可伴有间歇性跛行、下肢放射痛及麻木，甚者可出现会阴部麻木和小便障碍。

（2）腰椎活动受限，腰部屈伸活动时症状可加重。

（3）腰椎前凸增加，臀部后凸，重者腰骶部出现褶皱；下腰部棘突处可触及小凹陷或台阶感。

（三）实验室检查

（1）X 线摄片检查：是重要的诊断依据。腰椎正位片可显示椎板形态，侧位片可显示滑脱程度，腰椎双斜位片可显示椎弓根是否崩裂。

临床上一般按 Meyerding 法分度：①Ⅰ度，滑脱＜25%；②Ⅱ度，滑脱 25%～50%；③Ⅲ度，滑脱 50%～75%；④Ⅳ度，滑脱 75%～100%；⑤Ⅴ度，滑脱＞100%（腰椎脱离）。

（2）CT 及 MRI 检查：CT 扫描可见小关节增生、侧隐窝狭窄及神经根受压情况，MRI 检查可显示硬膜囊受压及狭窄程度。

（四）经筋辨识

本书将经筋循行路线与神经卡压所造成的反射区相结合，合理选择经筋治疗；若无神经卡压，可根据患者自身症状所涉及的区域，与经筋循行路线相结合治疗。下肢可以选择足太阴经筋、足少阴经筋、足厥阴经筋、足阳明经筋等。

四、鉴别诊断

（一）椎弓崩裂性脊柱滑脱

椎弓崩裂性脊柱滑脱，又称真性滑脱，是指在椎弓根峡部断裂基础上椎体、椎弓根、上关节突在下位椎体上面向前滑脱。X 线检查是诊断该病的主要依据，其斜位片可见“狗颈”上显示有裂隙阴影，酷似“狗颈”戴上“项链”。其边缘不规则，并伴有硬化。

（二）老年型骨质疏松症

老年型骨质疏松症多见于停经后的老年妇女。患者胸腰段脊柱多成圆形后突，腰背部持续疼痛，可有放射痛。X 线片示脊柱呈广泛性骨质疏松，骨小梁变细变小，椎体呈“鱼跃”状凹陷性改变。

五、治疗方法

（一）活血止痛

1. 操作部位 在基本治法基础上，增加三焦俞、肾俞、大肠俞、关元俞。

2. 操作手法 按法。

3. 操作步骤 操作方法同基本治法操作，穴位处方增加三焦俞、肾俞、大肠俞、关元俞。

4. 解析 腰背部的痛点和筋结点一般位于竖脊肌上的三焦俞、肾俞、大肠俞、关元俞附近。因此，基本处方中增加上述穴位，以增强行气止痛之效。

（二）疏经通络

1. 操作部位 在基本治法基础上，增加竖脊肌、臀中肌、臀大肌、阔筋膜张肌。

2. 操作手法 同基本治法。

3. 操作步骤 患者取俯卧位，医者用手掌根或拇指在腰椎两侧的竖脊肌做轻柔和缓的按揉操作，每侧操作 2 遍；再沿竖脊肌外侧缘做拇指揉法，每侧操作 2 遍；然后结合患者临床症状，与经筋循行路线相结合治疗，可在双侧下肢足太阳经筋、足少阳经筋循行部位做掌揉法，共约 3 分钟。

4. 解析 腰部肌肉是维持腰椎稳定性的重要辅助结构。通过对腰部肌肉按揉，可以松解肌肉等软组织，改善因腰椎滑脱后腰部肌肉出现的保护性痉挛。同时使腰部肌肉保持一定的张力和弹性，起到稳定腰椎的作用。

（三）理筋整复

1. 操作部位 腰椎两侧的骶棘肌、足太阳膀胱经循行部位（腰骶部）、腰部、臀部、下肢部。

2. 操作手法 拨法、推法、牵引法、屈膝屈髋按压法、腰椎后伸扳法。

3. 操作步骤 患者取俯卧位，医者在腰椎两侧的骶棘肌旁从上到下做轻柔和缓的拨法；再在臀中肌、阔筋膜张肌附近的结节、条索处做深沉深透的拨法。拨的同时可以有节律地使臀部左右晃动，腰椎关节来回旋转，左右开合，频率由慢到快，力量由小到大，每侧时间约 2 分钟。然后沿足太阳膀胱经走向从上到下做直推法操作，每侧 5 次。然后令患者抓住床头，或一助手站于床头，双手拉住患者腋下，医者站于床尾，握住患者双踝部并沿纵轴方向进行对抗牵引，牵引时应保持水平位，不能抬起下肢，以免加重腰椎前凸，可在患者腹部垫枕，防止腰椎过伸。间歇性牵引 2 分钟，牵引力度以患者能耐受为限，以纠正滑脱。

针对腰椎前滑脱者，使患者仰卧，全身放松，双膝并拢，屈膝屈髋，医者位于一侧，一手及手腕扶握其双膝关节稍下方，另一手及手腕扶握其双踝关节稍上方，使患者双膝关节做环转运动 5～10 圈使腰骶部充分放松，然后医者用扶握双踝关节的手掌托住患者的腰骶部，使膝关节向其胸前靠拢，反复按压 5～6 遍，以患者能够耐受为度，从而使向前滑移的腰椎向后移动，从而纠正腰椎前滑脱。

针对腰椎后滑脱者，患者取俯卧位，医者以一手托起患者双下肢并靠近身体，另一手按压后滑脱的椎体，一压一抬做腰椎后伸扳法数次，做间歇性后伸扳法 5 遍，以理筋整复，纠正腰椎后滑脱。

4. 解析 通过对相关区域结节、条索的拨法，可进一步松解肌肉的粘连。通过推臀摇晃可以使腰椎深层肌肉逐渐放松。本症的手法操作过程中，要注意尽量避免垂直下压用力，摇晃的幅度也不能过大，以免滑脱加重。推法具有活血化瘀，柔筋缓节的作用，拨法后配合推法，可以缓解拨法强刺激引起的肌肉不适；腰椎拔伸牵引手法的目的是使椎间孔矢状径加大，令被卡压的神经根得到缓解。由后纵韧带和后部纤维环的张应力所提供的椎体复位动力，可减小椎体滑移程度，有利于节段稳定性的重建，可以有效改善由腰椎滑脱引起的临床症状。屈膝屈髋按压法和腰椎后伸扳法均可纠正腰椎后滑脱，松解小关节突之间的粘连，改善局部循环，促进炎症及水肿的吸收。

第七节 急性腰扭伤

急性腰扭伤是腰部肌肉、筋膜、韧带等经筋因突然遭受不当的应力而出现急性腰痛和腰部活动障碍为主要表现的病症，俗称“闪腰”“岔气”。本病多见于重体力劳动者或长期缺乏锻炼的久坐者，若延误治疗，可演变成慢性腰肌劳损。

一、病 因 病 理

腰部经筋包括肌肉、筋膜与韧带等，腰部肌肉主要由竖脊肌、横突棘肌、腰方肌、腰大肌等肌肉组成，腰部筋膜包裹在腰方肌和竖脊肌的周围，可分为浅、中、深三层，对维持腰腹部正常的应力分布及腰椎正常位置均有重要作用。腰部韧带有棘间韧带、棘上韧带、黄韧带、横突间韧带、髂腰韧带等。腰部经筋对维系腰部的稳定与活动有积极的作用，是维持脊柱稳定重要的外源性系统。造成急性腰扭伤的病因如下。

（一）应力性损伤

突然弯腰抬重物或腰部过大、过猛的活动等因素所产生的不当应力使一侧的腰肌受到强烈的牵拉，肌纤维损伤或撕裂，刺激末梢神经而诱发疼痛。

（二）劳损所致扭伤

久坐及长期弯腰劳作等因素使腰部经筋长期疲劳，软组织力学性能低下，导致脊柱平衡失调，易导致急性腰部肌肉损伤。

二、临 床 表 现

（一）腰痛

腰部持续性疼痛，痛有定处，轻症患者以手撑腰尚能行走；重者腰部疼痛剧烈，咳嗽、喷嚏等用力时加重，夜间尤甚，平卧时腰痛可稍减轻。有时疼痛可向下放射至臀部及大腿后侧和大腿前内侧。

（二）腰部活动障碍

腰部活动受限，严重者不能站立和行走，需双手叉腰或佩戴护腰，体位改变时疼痛明显。

三、诊 断 要 点

（一）症状体征

（1）腰痛伴活动受限，严重者改变体位时疼痛加重。

（2）骶棘肌、腰椎横突或髂嵴后部有压痛；棘上、棘间韧带损伤时，棘突或棘突间压痛；髂腰韧带损伤时，其压痛点在髂嵴部与 L_5 间的三角区。

（3）脊柱呈强直位，腰部僵硬，腰肌紧张，腰部活动度明显下降，仰俯转侧困难。

（二）实验室检查

X线摄片检查可显示腰椎生理前凸消失和肌性侧弯，一般需排除撕脱性骨折或椎体失稳。

（三）经筋辨识

本书将经筋循行路线与神经卡压所造成的反射区相结合，合理选择经筋治疗；若无神经卡压，可根据患者自身症状所涉及的区域，与经筋循行路线相结合治疗。下肢可以选择足太阴经筋、足少阴经筋、足厥阴经筋、足阳明经筋等。

四、鉴别诊断

（一）腰椎间盘突出症

腰椎间盘突出症表现为腰痛伴一侧或双侧下肢疼痛、麻木，呈阵发性加剧。腰部活动受限，尤以屈伸为主。脊柱侧弯，直腿抬高试验和加强试验阳性，受累节段棘突旁压痛阳性、放射痛阳性，CT、MRI可见椎间盘突出。

（二）棘上韧带断裂

棘上韧带断裂多因腰背部受直接暴力所致，棘突上有明显压痛。重者可合并椎体骨折、棘间韧带和棘突损伤。X线检查可资鉴别。

（三）腰椎压缩性骨折

腰椎压缩性骨折有明确的外伤史，以脊柱胸腰段明显压痛为主要表现，X线提示有明确的腰椎椎体前缘楔形改变或附件骨折。陈旧性腰椎压缩性骨折腰痛呈持续性，阴雨天或天气变化时尤其明显，有不同程度的腰部功能障碍。

五、治疗方法

（一）活血止痛

1. 操作部位　在基本治法基础上，增加肾俞、腰阳关、大肠俞、膀胱俞。

2. 操作手法　按法。

3. 操作步骤　同基本治法操作，穴位增加肾俞、腰阳关、大肠俞、膀胱俞。

4. 解析　外伤所致的瘀血凝滞是诱发本病的重要原因。点按、按揉阿是穴可松解痉挛，疏通经络，点压、按揉肾俞、腰阳关、大肠俞可温通经脉，以增止痛之功。

（二）疏经通络

1. 操作部位　在基本治法基础上，增加足太阳经筋循行部位、督脉。

2. 操作手法 在基本治法基础上，增加擦法。

3. 操作步骤 患者取俯卧位，医者立于患侧，沿患侧足太阳经筋腰部段自下而上进行指揉，操作 3 遍；然后以擦法施术于腰部督脉、足太阳经筋腰段循行部位，以透热为度。

4. 解析 在“活血止痛”基础上，结合于腰部足太阳经筋及督脉实施指揉法与擦法，共奏活血化瘀、通络止痛之效。

（三）理筋整复

1. 操作部位 腰部。

2. 操作手法 斜扳法、摇法。

3. 操作步骤 患者取健侧卧位，医者做患侧的斜扳法 1 次；然后令患者取仰卧位，双下肢屈膝屈髋，医者一手扶按患者膝部，另一手托住患者腰骶部做左右摇摆动作，再向患者腹部方向按压膝部 3～5 次。

4. 解析 利用斜扳法和摇法可调整急性腰扭伤所致的后关节紊乱，牵伸腰部经筋，解除滑膜嵌顿从而缓解疼痛，改善活动功能。

第八节 腰椎小关节紊乱

腰椎小关节紊乱是指由于突然的变换体位或较大的外力作用使腰椎小关节解剖位置发生改变，出现腰痛伴活动受限为主要特征的一种病症。本病又称“腰椎滑膜嵌顿”“腰椎小关节错位”“腰椎后关节错位”等，好发于长时间久坐或缺乏锻炼的青中年人。

一、病因病理

（一）解剖结构因素

腰椎小关节即为腰椎关节突关节，是微动关节，其关节囊受脊神经后内侧支的关节支支配，对炎症或压力刺激非常敏感。长时间的久坐可使腰部负重增大，腰椎生理曲度变直，腰部软组织的力学性能下降，易造成腰椎小关节发生微小移位。

（二）过度前屈

腰椎过度前屈可使腰椎后关节的位移骤然增大，此时若遭受突然的变换体位或较大的外力作用，关节突关节面可因受力不均而发生错位，刺激或卡压到分布在后关节囊滑膜层上的感觉神经而诱发疼痛。腰部做前屈旋转时，随着腰椎间关节间隙的加大，关节囊内层之滑膜突入关节腔内，当腰部突然伸直时，滑膜极易嵌顿于腰骶关节面之间而诱发剧烈的疼痛。

（三）过度负重

由于腰部负重较大，其后关节发生损伤的概率较高，临床中多以 L_3～L_5 后关节滑膜嵌顿或错位多见。腰部负重或剧烈运动时，腰肌、关节囊及韧带受到强烈的牵拉，后关节发生错位而引起腰痛，典型的腰椎后关节错位在发病时可闻及关节错位的“咔咔”声，轻者仅有局部不适感，重者疼痛剧烈并伴有明显腰部活动功能障碍。

二、临床表现

（一）相关病史

本病有腰部负重或扭伤史。

（二）腰痛

腰痛剧烈，痛有定处，以腰部督脉及两侧膀胱经受累为主，可向一侧腰骶部放射，咳嗽、翻身、坐后起身或卧后起床疼痛加重，平卧时症状可稍缓解。

（三）腰部运动障碍

腰部活动受限，严重者可呈“强直位”固定姿势。

（四）局部感觉异常

病程长者感觉腰部经筋发硬、酸胀，久坐或长时间弯腰后出现腰部僵硬、酸胀不适；晨起时腰部疼痛，僵硬不适，活动后症状可稍减轻。

三、诊断要点

（一）症状体征

（1）急性期腰痛伴活动受限，改变体位时加重；缓解期腰部活动一般正常，部分患者出现弯腰及久坐后腰部酸胀不适感。

（2）在腰部督脉及两侧膀胱经循行处肌紧张，压痛，若伴有胸腰筋膜损伤，疼痛可放射至患侧臀部。

（3）典型者可有腰椎棘突偏歪，棘突及棘旁压痛，肌筋挛缩。

（4）轻者腰椎活动不受限，严重者脊柱呈强直位，腰部僵硬，仰俯转侧困难。

（二）实验室检查

X线摄片检查可显示脊柱侧弯。两侧小关节间隙欠对称，一般需排除撕脱性骨折或椎体失稳。

（三）经筋辨识

本书将经筋循行路线与神经卡压所造成的反射区相结合，合理选择经筋治疗；若无神经卡压，可根据患者自身症状所涉及的区域，与经筋循行路线相结合治疗。下肢可以选择足太阴经筋、足少阴经筋、足厥阴经筋、足阳明经筋等。

四、鉴别诊断

（一）胸椎小关节紊乱

患者伤后即出现胸背部疼痛，痛连前胸，有背负重物之感，坐卧不宁，走路震动、咳嗽、打喷嚏、深呼吸等均可引起疼痛加重。常可出现胆囊、阑尾、胃部疼痛。

（二）腰椎椎管狭窄症

腰椎椎管狭窄症以间歇性跛行、主诉症状多而体征少为主要特征，腰腿部症状不明显。一般步行 200～300m 后下肢可感酸困、麻木、无力，须蹲下休息 3～5 分钟后方能继续行走。

（三）腰椎间盘突出症

腰椎间盘突出症表现为腰痛伴一侧或双侧下肢疼痛、麻木，呈阵发性加剧。腰部活动受限，尤以屈伸为主。脊柱侧弯，直腿抬高试验和加强试验阳性，受累节段棘突旁压痛阳性、放射痛阳性，CT、MRI 可见椎间盘突出。

五、治疗方法

（一）活血止痛

1. 操作部位 在基本治法基础上，选取起病节段相应的背俞穴及足太阳膀胱经相近穴位。

2. 操作手法 按法。

3. 操作步骤 操作方法同基本治法操作，在穴位处方上增加起病节段相应的背俞穴及足太阳膀胱经相近穴位。

4. 解析 方中增加的局部穴位针对局部肌肉筋膜症状，具有行气止痛，松解筋结的作用。背俞穴及足太阳膀胱经连贯施治，与基本治法取穴相连，便于操作的同时，可增强基本治法的止痛效果。

（二）疏经通络

1. 操作部位 在基本治法基础上，增加督脉（腰部段）、足太阳膀胱经循行部位（腰骶段）及阿是穴。

2. 操作手法 在基本治法基础上，增加按法、擦法。

3. 操作步骤 在基本治法基础上，患者取俯卧位，医者用按法施术于腰部两侧膀胱经，自肾俞至膀胱俞，每对穴位操作 1 分钟；配合腰骶部阿是穴，每穴按压半分钟；然后根据患者自身症状选择足太阴经筋、足少阴经筋、足厥阴经筋、足阳明经筋等进行治疗；最后以掌根擦督脉及两侧膀胱经，以透热为度。

4. 解析 通过基本治法的揉法、㨰法，可缓解肌肉筋挛，改善局部的血液循环，辅以按法，以提高机体的痛阈，缓解疼痛；最后辅以擦法可提高局部组织温度，以增强化瘀之功。上述手法相须为用，以活血通络止痛，为正骨手法的应用创造条件。

（三）理筋整复

1. 操作部位 腰部。

2. 操作手法 斜扳法、屈膝屈髋按压法。

3. 操作步骤 患者取侧卧位，医者行斜扳法，左右各 1 次；之后嘱患者仰卧，双下肢屈膝屈髋，医者一手扶按患者膝部，另一手托住患者腰骶部向患者腹部方向按压膝部 3～5 次。

4. 解析　《医宗金鉴·正骨心法要旨》云："或有骨结间微有错落不合缝者""手法者，正骨之首务"，说明正骨手法对本病的治疗有重要意义。利用斜扳手法可调整后关节位移，释放关节腔压力，解除滑膜嵌顿。屈膝屈髋位按压法可分离后关节，改善其活动功能，使骨缝复位，骨正筋柔，气血以流。

思考题

1. 简述腰椎不同神经卡压位置，经筋治疗方案选择有何不同？
2. 简述腰椎间盘突出症和腰椎椎管狭窄症的鉴别诊断。
3. 试述退行性腰椎滑脱症按 Meyerding 法分度标准。

第七章

胯 痹 痛

学习目的

熟悉胯痹痛的临床表现和治疗原则，掌握胯痹痛的基本治法；熟悉骶髂关节综合征、梨状肌综合征、髋关节骨性关节炎的临床表现、诊断要点、鉴别诊断，掌握不同疾病的经筋辨识及治疗方案的加减。

胯痹痛是指由于多种因素导致的以胯部疼痛和功能障碍为主要表现的一种病症，主要是由于外伤、劳损或风寒湿侵袭胯部所致，弯腰、受寒或劳损疼痛症状加重。胯痹痛既是一种独立疾病，又可以是其他疾病兼症。本章主要论述筋伤导致的慢性胯部疼痛。因骨折、脱位及内分泌科、肿瘤、泌尿科等其他疾病所引发的胯痹痛，不在此范围。

一、中医临床表现

主要症状：胯部疼痛，可牵涉大腿疼痛，有时出现下肢麻木感，不能远行，屈伸不利。根据中医辨证分型，本病可分成气滞血瘀证、风寒痹阻证、肝肾不足证三个证型，各个证型具体临床表现如下。

1. 气滞血瘀证 有明显外伤史。局部肿胀明显，有瘀斑，疼痛拒按，动则引痛。舌暗红苔薄，脉弦。

2. 风寒痹阻证 反复劳损或伤后日久而发，局部筋紧，活动受限，静时痛增，动则痛缓，喜按喜揉，或见恶寒头痛。舌苔白，脉浮紧。

3. 肝肾不足证 疼痛隐隐，绵绵不休，关节强硬，伴心烦失眠，口渴咽干，面色潮红。舌红，脉细数。

二、治 疗 原 则

虽然引起胯痹痛的原因主要是气滞血瘀、风寒痹阻、肝肾不足，但其主要病变部位仍集中于胯部的皮肉筋骨及经脉，症状主要以疼痛和活动功能障碍为主。本书主要是针对胯部“痛”的发展变化而制定推拿治疗方案。基本治法以“活血止痛”“疏经通络”为主，待疼痛缓解后，根据不同疾病的特点，增加“理筋整复”治法。

三、基本治法

（一）活血止痛

1. 操作部位 太溪、解溪、足三里、风市、冲门。

2. 操作手法 按法。

3. 操作步骤 患者取仰卧位，医者位于患侧。医者用拇指分别按压太溪、解溪、足三里、风市，每穴操作 1 分钟，以酸胀为宜；然后患者取仰卧位，医者用拇指按压冲门，操作 1 分钟，使患者下肢有热流下行之感为宜。

4. 解析 方中所选太溪、解溪、足三里、风市、冲门穴可改善肢体局部气血运行。同时，可有效缓解肌肉的痉挛，诸穴相配，刚柔相济，共奏活血止痛之效。

（二）疏经通络

1. 操作部位 骶髂关节及臀上皮神经反射区相应之足太阳经筋、足少阳经筋循行部位。

2. 操作手法 揉法。

3. 操作步骤 患者取俯卧位，在骶髂关节部位做轻柔的掌揉法，操作 1 分钟；然后利用指揉法施术于臀上皮神经反射区相应之足太阳经筋、足少阳经筋循行部位，每条经筋反复操作 1 分钟。

4. 解析 通过对骶髂关节的掌揉，以促进局部气血运行，配合指揉臀上皮神经反射区相应之足太阳经筋、足少阳经筋循行部位，发挥经筋“主束骨，利关节”的作用，以改善局部关节的活动功能。

第一节　骶髂关节综合征

骶髂关节综合征是指骶髂关节因急慢性损伤，或因妇女孕产骶髂关节面对合不良，导致骶髂关节韧带损伤或骶髂关节错缝，以致局部充血、水肿、粘连等无菌性炎症，引起骶髂部疼痛和功能障碍及盆腔脏器功能紊乱等症状的一种病症，又称骶髂关节半脱位、骶髂关节错缝症、骶髂关节损伤、骶髂关节紊乱症。

一、病因病理

（一）分娩因素

女性在妊娠期和产后，因内分泌的作用，使骶髂关节松弛，怀孕时骶髂关节面被撑开，婴儿产出（包括剖宫产），腹压骤降，骶髂关节瞬间对合，由于关节面对合欠佳而形成错缝，导致一侧或两侧的腰骶及下腰部持续性疼痛；胎儿过大，或胎位不正，或骨盆狭小，分娩时造成耻骨韧带撕裂或断裂，耻骨支向一侧或两侧分离，使骶髂关节稳定性变差而损伤。

（二）急性损伤

外力突然作用引起的损伤，常见于弯腰负重扭转骨盆，或一侧下肢不动，脊柱骤然向对侧旋转，牵拉骶髂韧带致其损伤，引起骶髂关节错缝；猝然跌倒时单侧臀部着地，或单侧下肢负重跳跃、坠跌等，地面的作用力向上传导，而躯体向下的冲击力向下传导，两种作用力汇集于骶髂关节，而产生骶髂关节损伤；下蹲位负重起立时扭错，或身体向前、向后跌仆，使骶髂关节过度前后旋转，导致骶髂关节损伤；另外，腹直肌、股后肌群等肌肉强烈收缩，可使骶髂关节交锁在不正常的位置，从而产生损伤。这些突然损伤使腰背诸肌肉受损，血脉瘀滞，经络受阻，发为腰骶部疼痛、腰部不得转侧，引起腰部活动受限。

（三）慢性劳损

长期弯腰工作或习惯性单侧下肢负重等不良姿势，或继发性脊柱疾病，可使骶髂关节发生退行性变，久之发生损伤。

二、临床表现

（一）骶髂关节疼痛

骶髂关节周围局限性、持续性钝痛，弯腰、转身、仰卧等使疼痛加剧；咳嗽或打喷嚏时可引起患侧疼痛，或伴有下肢放射痛，但不过膝。

（二）腰骶部运动障碍

有长短腿现象，呈歪臀跛行，患肢搁腿、穿鞋袜困难；躯干微向患侧侧屈，严重者患侧下肢不敢负重，行走不便。

（三）盆腔脏器功能紊乱症状

下腹部胀闷不适，肛门坠胀感；排便习惯改变，排便次数增加；尿频、尿急、排尿困难；会阴部不适、阳痿、痛经等。

三、诊断要点

（一）病史

患者有外伤、劳损或经产史。

（二）症状体征

（1）骶髂关节周围疼痛，咳嗽及打喷嚏时加重，可有同侧下肢放射痛，不过膝，可呈歪臀跛行。

（2）可出现下腹闷胀、二便不适、痛经等盆腔功能紊乱症状。

（3）可见患侧骶髂关节较健侧隆起，骶髂关节压痛、叩击痛。腰臀部的肌肉紧张。

（4）双侧下肢不等长或有“阴阳脚”。

（5）单腿站立试验阳性，骨盆分离、挤压试验、“4”字试验、床边试验、下肢后伸试验等至少有一项为阳性。

（三）实验室检查

X 线检查可有骨盆形态改变，部分患者有患侧骶髂关节间隙增宽，耻骨联合分离或上下错移。陈旧性损伤可见骶髂关节下缘骨质增生，关节面毛糙或骨密度增高影；CT 检查可见关节面不对称。

（四）经筋辨识

可根据患者自身症状所涉及的区域，与经筋循行路线相结合治疗。可选择足少阳经筋、足太阴经筋、足阳明经筋等。

四、鉴别诊断

（一）腰椎间盘突出症

腰椎间盘突出症表现为腰痛伴一侧或双侧下肢疼痛、麻木，呈阵发性加剧。腰部活动受限，尤以屈伸为主。脊柱侧弯，直腿抬高试验和加强试验阳性，受累节段棘突旁压痛阳性、放射痛阳性，CT、MRI 可见椎间盘突出。

（二）腰椎椎管狭窄症

腰椎椎管狭窄症以间歇性跛行、主诉症状多而体征少为主要特征，腰腿部症状不明显。一般步行 200～300m 后下肢可感酸困、麻木、无力，须蹲下休息 3～5 分钟后方能继续行走。

操作视频请扫码

五、治疗方法

（一）活血止痛

1. 操作部位 在基本治法基础上，增加八髎、秩边、殷门、承扶。

2. 操作手法 按法。

3. 操作步骤 操作方法同基本治法，处方穴位增加八髎、秩边、殷门、承扶。

4. 解析 本病基本处方所增取穴均为下肢穴位，配合增加的腰骶部局部穴位，达到远近相应，由局部至远端一气呵成，通经络，行气血，达止痛之功。

（二）疏经通络

1. 操作部位 同基本治法。

2. 操作手法 在基本治法基础上，增加拨法、擦法。

3. 操作步骤 在基本治法基础上，令患者取俯卧位，医者利用拨法施术于臀上皮神经体表反射区处的条索状物，操作 2 分钟；最后利用擦法施术于臀上皮神经反射区相应之足太阳经筋、足少阳经筋循行部位，以透热为度。

4. 解析 通过基本治法，可促进骶髂关节局部的气血运行；配合拨法的强刺激，可以剥离粘连组织，起到松解粘连的作用；最后辅以擦法，达温通气血之功。

（三）理筋整复

1. 操作部位 骶髂关节。

2. 操作手法 斜扳法，后伸扳法。

3. 操作步骤 前错位采用斜扳法；后错位采用后伸扳法。

4. 解析 两种方法均可从不同角度调整骶髂关节紊乱，改善骶髂关节结构的异常位置，产生稳定骶髂关节的效应。

第二节 梨状肌综合征

梨状肌综合征是指因急、慢性损伤使梨状肌受到牵拉而造成损伤，引起局部充血、水肿、痉挛、变性等炎症反应，刺激或压迫坐骨神经，出现臀部疼痛、活动受限及下肢放射性疼痛、麻木的一种疾病。

一、病因病理

（一）解剖结构因素

梨状肌与坐骨神经关系密切，正常情况下，坐骨神经紧贴梨状肌下孔穿过骨盆到臀部，临床约占62%；而梨状肌变异或高位分支约占38%。这种变异是指坐骨神经和梨状肌的解剖位置发生改变，共有两种类型：一种是指坐骨神经高位分支，即坐骨神经在梨状肌处分为腓总神经和胫神经，腓总神经从梨状肌肌腹中穿出，而胫神经在梨状肌下孔穿出，约占35%；另一种是坐骨神经从梨状肌肌腹中穿出，或从梨状肌上孔穿出，约占3%。在临床上梨状肌综合征好发于上述变异，显然和这一解剖结构上的异常情况有密切关系。一旦梨状肌因损伤或受风寒湿邪，即可使梨状肌痉挛收缩，导致梨状肌营养障碍，出现弥漫性水肿、炎症而使梨状肌肌腹钝厚、松软、弹性下降等，使梨状肌上、下孔变狭窄，从而刺激或压迫坐骨神经而出现一系列临床症状。

（二）急慢性损伤

梨状肌急慢性损伤多由间接外力所致，如闪、扭、跨越、站立、肩扛重物下蹲、负重行走等，尤其在下肢外展、外旋位突然用力；或外展、外旋蹲位突然起立；或在负重时，髋关节突然内收、内旋，使梨状肌受到过度牵拉而致撕裂损伤。其病理表现为梨状肌撕裂、局部出血、水肿引起无菌性炎症，肌肉产生保护性痉挛，日久，还可出现局部粘连，从而刺激或压迫周围的神经、血管而产生下肢放射痛等症状。

（三）风寒湿邪

受风寒或潮湿气候环境影响，可造成局部血液循环障碍，使梨状肌痉挛、肥厚，压迫血管、神经产生臀部疼痛、小腿外侧麻木，或腓总神经麻痹等症状和体征。

二、临床表现

（一）臀部疼痛或下肢放射痛

轻者患侧臀部有深层疼痛、不适或酸胀感，重者疼痛可呈牵拉样、烧灼样、刀割样或呈跳痛，且有紧缩感，疼痛可沿坐骨神经分布区域出现下肢放射痛，卧床休息减轻，坐位、行走或弯腰时加重。偶有小腿外侧麻木，会阴部下坠不适。

（二）患侧下肢或髋关节运动受限

患侧下肢不能伸直，自觉下肢短缩，间歇性跛行或呈鸭步移行。髋关节外展、外旋运动受限。

（三）梨状肌体表投影处肌痉挛

在梨状肌体表投影处可触及条索样痉挛或弥漫性肿胀的肌束隆起，日久可出现臀部肌肉松弛、无力，重者可出现萎缩。

三、诊断要点

（一）病史

部分患者有髋部闪、扭、跨越或蹲位负重起立等外伤史，部分患者有臀部受凉史或盆腔慢性感染史。

（二）症状体征

（1）患侧臀部深层疼痛，呈牵拉样、刀割样或蹦跳样疼痛，且有紧缩感，多数患者可出现沿坐骨神经分布区域的放射痛，咳嗽、排便、打喷嚏时疼痛加剧。偶有小腿外侧麻木，会阴部下坠不适。

（2）患侧下肢不能伸直，自觉下肢短缩，间歇性跛行或呈鸭步移行。髋关节外展、外旋运动受限。

（3）沿梨状肌体表投影区深层有明显压痛，有时沿坐骨神经分布区域出现放射性痛、麻等。

（4）在梨状肌体表投影处可触及条索样痉挛或弥漫性肿胀的肌束隆起，日久可出现臀部肌肉松弛、无力，重者可出现萎缩。

（5）患侧直腿抬高试验，小于 60°疼痛明显，超过 60°后疼痛反而减轻；梨状肌紧张试验阳性。

（三）实验室检查

X 线片可排除髋关节骨性病变。

（四）经筋辨识

本书将经筋循行路线与神经卡压所造成的反射区相结合，合理选择经筋治疗；若无神经卡压，可根据患者自身症状所涉及的区域，与经筋循行路线相结合治疗。下肢可以选择足太阳经筋、足少阳经筋等。

四、鉴别诊断

（一）臀上皮神经损伤

臀上皮神经损伤以一侧臀部及大腿后侧为主，痛不过膝，在髂嵴下方有一压痛明显的条索状物，梨状肌紧张试验阴性。

（二）腰椎间盘突出症

腰椎间盘突出症表现为腰痛伴一侧或双侧下肢疼痛、麻木，呈阵发性加剧。腰部活动受限，尤以屈伸为主。脊柱侧弯，直腿抬高试验和加强试验阳性，受累节段棘突旁压痛阳性、放射痛阳性，CT、MRI 可见椎间盘突出。

五、治疗方法

（一）活血止痛

1. 操作部位 在基本治法基础上，增加秩边、殷门、承扶。

2. 操作手法 同基本治法。

3. 操作步骤 操作方法同基本治法，基本穴位处方增加秩边、殷门、承扶。

4. 解析 梨状肌综合征急性期手法宜轻柔，故选取下肢远端穴位作为基础方，增加的取穴为腰骶局部经穴，局部施术配合基本治法，共奏行气活血止痛之效。

（二）疏经通络

1. 操作部位 在基本治法基础上，增加梨状肌体表投影区、患侧下肢。

2. 操作手法 在基本治法基础上，增加拨法、推法、按法。

3. 操作步骤 医者用拨法施术于梨状肌肌腹，且与之呈垂直方向进行弹拨，并根据神经卡压反射区的循行部位，选择足少阳经筋、足太阳经筋循行部位进行指揉（下肢段）操作，每条经筋操作 2 遍；然后医者在梨状肌体表投影区施掌推法或掌按法，做深层按压操作，再以肘尖拨深层梨状肌，然后顺肌纤维方向用肘反复推压 5～8 次，力达深层。

4. 解析 《黄帝内经太素》曰："经筋为阴阳气之所资，中无有空，不得通于阴阳之气上下往来，然邪入腠袭筋为病，不能移输，遂以病居痛处为输"，说明以痛为腧是筋络疾病的基础治法。临床上梨状肌体表投影部位多为痛点，故运用不同程度的拨法和按法施术于梨状肌，可充分缓解肌肉痉挛，松解粘连组织；同时配合基本处方的揉法对局部痛点及腰骶部的放松，可进一步促进局部气血运行，缓解肌痉挛，诸法合用，共奏疏经通络止痛之效。

（三）滑利关节

1. 操作部位 髋关节、梨状肌。

2. 操作手法 被动运动、擦法。

3. 操作步骤 医者一手扶按髋臀部，一手托扶患侧下肢，做患髋后伸、外展及外旋的被动运动 5～10 次；最后在梨状肌体表投影区沿肌纤维方向施擦法，以深部透热为度。

4. 解析 髋关节的外展外旋运动可达到牵拉梨状肌的目的，可进一步松解痉挛的肌肉；达到滑利髋关节的目的。最后在局部施于擦法，通过透热作用，以温通气血。

第三节 髋关节骨性关节炎

髋关节骨性关节炎是指由于髋关节退变、积累性劳损等因素，导致髋关节软骨变性，引起髋关节疼痛及活动受限为主要症状的一种综合征，也称为髋关节骨性关节病、增生性关节炎或肥大性关节炎等。

一、病因病理

（一）髋关节退变

本病因内分泌系统的异常影响关节软骨的代谢，或酶对软骨基质的降解作用，或软骨中的水分减少，营养不足，软骨细胞增殖受影响，从而使软骨变性退化。

（二）积累性损伤

自身慢性损伤或因外伤后导致关节损伤，继而引起关节退变，多由于损伤创伤导致，一方面是体重通过髂骨传递到股骨头，另一方面是为保持关节稳定和肢体活动所需的肌肉力量作用在髋关节上。因各种原因出现髋关节畸形、失稳可导致软骨的磨损、变性。

（三）风寒湿侵袭

因长期风寒湿邪杂合，侵袭髋部，痹阻气血，导致髋关节肌肉血管痉挛收缩，影响局部血液循环，进而影响髋关节的软骨代谢异常，引起髋部疼痛、肿胀，髋关节活动受限。

二、临床表现

（一）髋关节疼痛

疼痛是髋关节骨性关节炎的早期症状，最初并不严重，在活动多时发生，休息后好转，严重者休息时亦痛，可受寒冷、潮湿的影响而加重。疼痛常伴有跛行。疼痛的部位可在髋关节的前面或侧方或大腿内侧。

（二）髋关节僵硬

晨僵时间一般不超过 15 分钟。

（三）髋关节功能障碍

功能障碍严重的髋关节骨性关节炎多出现屈曲、外旋和内收畸形。

三、诊断要点

（一）症状体征

（1）原发性和继发性髋关节炎在症状与体征方面无明显差异，多发病于中老年人，要表现为疼痛、僵硬、功能受限。

（2）髋关节呈内收、屈曲畸形。

（二）实验室检查

X线片可见髋关节模糊，髋臼骨赘增生，关节间隙狭窄或消失；晚期股骨头变性，骨质密度增加、变硬，骨小梁增粗。

（三）经筋辨识

本书将经筋循行路线与神经卡压所造成的反射区相结合，合理选择经筋治疗；若无神经卡压，可根据患者自身症状所涉及的区域，与经筋循行路线相结合治疗。下肢可以选择足太阳经筋、足少阳经筋等。

四、鉴别诊断

（一）类风湿关节炎

类风湿关节炎在髋关节起病少见，出现髋关节炎时，患者上下肢其他关节常已有明显的类风湿性病变。患者可有食欲减退、体重减轻、关节疼痛、低热等前驱症状，常伴有晨僵，随后关节肿胀、疼痛，开始可为酸痛，随着关节肿胀逐渐明显，疼痛也趋于严重，关节局部积液，温度升高。关节疼痛与气候、气压、气温变化相关，X线表现可有关节间隙狭窄和消失，髋臼突出，股骨头骨质疏松、萎缩、闭孔缩小、关节强直，除髋关节外四肢对称性的小关节僵硬、疼痛、肿胀和活动受限。

（二）髋关节结核

髋关节结核多发于儿童和青壮年。患者有消瘦、低热、盗汗、血沉加快。该病起病缓慢，最初症状是髋部疼痛，休息可减轻。成年时发病的髋关节结核，髋关节疼痛十分剧烈，夜不能卧，一直保持坐位，随之出现跛行。病侧髋关节有时可见轻度隆起，局部有压痛，除股三角外，大转子、大腿根部、大腿外上方和膝关节均应检查是否有肿胀，晚期患者可见髋关节处窦道形成。早期髋关节伸直，内旋受限，并有髋畸形，托马斯征及“4”字试验阳性。足跟叩击试验阳性。

五、治疗方法

（一）活血止痛

1. 操作部位　在基本治法基础上，增加八髎、秩边、殷门、承扶及髋关节周围组织。

2. 操作手法 在基本治法基础上，增加一指禅推法。

3. 操作步骤 同基本治法操作，穴位处方增加八髎、秩边、殷门、承扶；然后用一指禅推法作用于髋关节周围，操作2分钟。

4. 解析 《素问·举痛论》云："按之则热气至，热气至则痛止矣""筋柔才能骨正"。应用基本治法的按法和增加的髋关节局部的一指禅推法可使腰骶部和髋关节周围的气血得以疏通、结聚得以消散，从而达到"活血止痛"的目的。

（二）疏经通络

1. 操作部位 足太阳经筋、足少阳经筋循行之骶髂关节部位。

2. 操作手法 揉法。

3. 操作步骤 患者取俯卧位，在骶髂关节部位做轻柔的掌揉法，操作1分钟；然后利用指揉法施术于足太阳经筋、足少阳经筋循行之骶髂关节部位，每条经筋反复操作1分钟。

4. 解析 通过对骶髂关节的掌揉，以促进局部气血运行，配合指揉足太阳经筋、足少阳经筋循行部位，发挥经筋"主束骨，利关节"的作用，以改善局部关节的活动功能。

（三）滑利关节

1. 操作部位 髋关节。

2. 操作手法 摇法、拔伸法。

3. 操作步骤 患者取仰卧位，医生一手扶其屈曲的膝部，另一手握其踝关节上方部，双手同时用力，先使其屈膝屈髋至 90°左右，然后双手臂协调用力，以髋关节为活动轴心，做髋关节环形摇转的被动运动；之后以双手握住踝关节上方，下肢伸直位做髋关节被动拔伸。

4. 解析 利用摇法和拔伸法可疏通髋关节周围经络、气血，从而起到"营阴阳，濡筋骨，利关节"的作用。

思考题

1. 简述梨状肌综合征与腰椎间盘突出症的鉴别诊断。
2. 简述骶髂关节综合征与梨状肌综合征治疗方案选择思路的异同。

第八章

肩痹痛

学习目的

熟悉肩痹痛的临床表现和治疗原则，掌握肩痹痛的基本治法；熟悉肩关节周围炎、肩袖损伤、肱二头肌长头肌腱鞘炎、肩峰下滑囊炎的临床表现、诊断要点、鉴别诊断，掌握不同疾病的经筋辨识及治疗方案的加减。

肩痹痛是由多种因素导致的以肩部疼痛、活动功能障碍为主要表现的一种病症，主要是由于体虚、外伤劳损而风寒侵袭肩部所致，以肩部疼痛、活动受限为主要表现。肩痹痛既是一种独立疾病，又可以是其他疾病的兼症。本章涉及的疾病主要包括肩关节周围炎、肩袖损伤、肱二头肌长头肌腱鞘炎、肩峰下滑囊炎。因骨折、脱位、韧带断裂及结核、肿瘤、内科、神经科等其他疾病所引发的肩痛，不在此范围。

一、中医临床表现

主要症状：肩部疼痛，活动功能受限，劳累后疼痛加重或夜间为甚。肩痹痛根据中医辨证分型分为风寒湿、气滞血瘀、气血亏虚三证，具体分型临床表现如下。

1. 风寒湿证 肩部窜痛，遇风寒痛增，得温痛缓，畏风恶寒，或肩部有沉重感。舌质淡，苔薄白或腻，脉弦滑或弦紧。

2. 气滞血瘀证 肩部肿胀，疼痛拒按，以夜间为甚。舌质暗或有瘀斑，舌苔白或薄黄，脉弦或细涩。

3. 气血亏虚证 肩部酸痛，劳累后疼痛加重，伴头晕目眩，气短懒言，心悸失眠，四肢乏力。舌质淡，苔少或白，脉细弱或沉。

二、治 疗 原 则

引起肩痹痛的原因主要有气血亏虚、气滞血瘀、外感风寒湿，但其主要病变部位仍集中于肩部的皮肉筋骨及经脉。根据肩痹痛“痛”的演变规律，其整体治疗原则以“活血止痛”“疏经通络”为主，然后根据不同疾病特点增加“滑利关节”“理筋整复”等治法。

三、基本治法

（一）活血止痛

1. 操作部位 合谷、阳溪、阳谷、曲池、小海、天鼎、缺盆、中府。

2. 操作手法 按法。

3. 操作步骤 患者取坐位，医者站于患侧，用拇指施按法于合谷、阳溪、阳谷、曲池、小海、天鼎、缺盆、中府。每穴点按半分钟。点按力度以患者感觉酸、麻、胀、热为宜。老年人切忌过重用力点按，避免骨折。

4. 解析 肩痹痛急性期疼痛较剧，活动受限。因此，本期未选取运动关节类手法，而是选择按法施术于肩关节周围及上肢部穴位。利用按法刺激处方穴位，达到促进上肢和肩关节局部气血运行之效，改善急性期疼痛症状。

（二）疏经通络

1. 操作部位 手太阳经筋、手少阳经筋、手阳明经筋、手太阴经筋等肩关节周围循行部位，肩前部、肩后部及三角肌。

2. 操作手法 揉法、㨰法、拿法。

3. 操作步骤 患者取坐位，医者站于患侧，结合患者局部症状，指揉手太阳经筋、手少阳经筋、手阳明经筋、手太阴经筋等肩关节周围循行部位，每条经筋反复操作 1 分钟；然后以一手托住患者上臂使其微外展，另一手分别施㨰法及揉法于肩前部、三角肌部及肩后部，在压痛明显处进行重点刺激，操作 5 分钟；同时配合患肢的被动外展、旋外和旋内活动，最后拿捏上臂部 5～10 次。

4. 解析 选用的揉法、㨰法轻而不浮，柔而不刚，可使患者肩部肌肉充分放松，再配合拿法刺激肩部肌肉，三法合用，共奏疏通经络、祛瘀生新的作用。

第一节 肩关节周围炎

肩关节周围炎是指肩关节囊及周围滑囊、韧带、肌腱等软组织损伤、退变而引起的一种慢性无菌性炎症，以肩关节周围疼痛、活动功能障碍和肌肉萎缩为主要临床特征的一种病症，简称“肩周炎”，又名“漏肩风”“肩凝症”“冻结肩”。

一、病因病理

（一）内因

1. 解剖结构因素 肩关节是由肩肱关节、肩锁关节、肩胛胸壁关节和胸锁关节四部分组成的关节复合体。其中肩肱关节是典型的球窝关节，其运动分为前屈、后伸、外展、内收、外旋和内旋。关节盂小而浅，边缘附有盂唇；关节囊薄而松弛，囊内有肱二头肌长头腱通过，经结节间沟穿出关节囊；关节囊外有喙肱韧带、喙肩韧带、盂肱韧带和斜方肌、背阔肌、胸大肌、三角肌、冈上肌、冈下肌、大圆肌、小圆肌、肩胛下肌、肱二头肌、喙肱肌等附着，以维持肩关节的稳定及运动。肩关节结构上的特点虽然保证了灵活性，但它的牢固性和稳定性都较其他关节差，大范围、高频率的运动，容易引起损伤。损伤后，周围软组织出现充血、水肿、渗出等炎症改变，久之肩关节粘连形成，运动功能障碍。

2. 退行性改变 随着年龄的增长，肱骨结节间沟内骨质增生，骨纤维性管变浅、变窄，盂肱关节囊受损，周围软组织退行性病变，肩关节对各种外力的承受能力减弱。肩关节长期磨损，进一步造成肌腱、肩袖、滑囊、关节囊的损伤、粘连、挛缩等病理改变。

（二）外因

1. 急慢性损伤 在工作与日常生活中，肩关节活动频繁，运动范围大，易产生急性损伤。反复进行或长时间维持上臂的外展、上举和内旋等动作，易发生肩部组织的慢性劳损。患者因周围软组织急慢性损伤后出现炎症改变产生疼痛而不敢运动，导致粘连形成，后期肌肉萎缩，运动功能障碍。

2. 感受风寒湿邪 长期受风寒湿邪的刺激，使肩关节周围肌肉、血管痉挛、收缩，局部血供、代谢障碍，引起水肿、粘连等一系列炎症反应，久之软组织变性，形成慢性劳损。

二、临床表现

（一）肩部疼痛

急性期疼痛初为阵发性，后发展成持续性疼痛，并逐渐加重，昼轻夜重，夜不能寐，肩部受牵拉或碰撞后，可引起剧烈疼痛，疼痛有时可向颈部及肘部扩散。慢性期疼痛逐渐减轻或消失，恢复期疼痛基本消失。肩周压痛，在肩关节周围可找到相应的压痛点。

（二）功能障碍

急性期肩关节活动轻度受限，以外展、外旋最为明显，功能障碍多因疼痛所致。慢性期肩关节各方向运动功能明显受限，因肩关节广泛粘连所致，特别是当肩关节外展时，出现典型的“扛肩”现象，梳头、穿衣等动作均难以完成。

（三）肌肉萎缩

病程长者可发生上臂肌群不同程度的失用性萎缩，肩部一切运动均受限，严重时肘关节功能也受限，屈肘时手不能摸对侧肩部。恢复期功能障碍逐渐减轻。

三、诊断要点

（一）病史

肩部有外伤、劳损或感受风寒湿邪的病史，多发于50岁左右。

（二）症状体征

（1）肩部疼痛：疼痛的性质多为钝痛，昼轻夜重，活动时疼痛加剧，且可向上臂及肘部放射。

（2）压痛：肩关节周围均有广泛性压痛，在肩髎、肩髃、秉风、肩贞等穴及三角肌前后部均有不同程度的压痛。

（3）功能障碍：患肩做前屈、后伸、外展、内收、内旋及外旋运动可有不同程度的障碍，尤以上举、内旋后弯摸背障碍明显。

（4）肌肉萎缩：病程较久者，患肩肌肉萎缩、僵硬，肩峰突起。肌肉萎缩以三角肌、冈上肌尤为明显。

（三）实验室检查

辅助检查：X 线检查一般无异常，后期可出现骨质疏松，关节间隙变窄或增宽，以及骨质增生、软组织钙化等。MRI 检查：部分无任何异常；部分可出现两个典型征象，即关节囊增厚并水肿、喙肱韧带处纤维组织增生。

（四）经筋辨识

本书将经筋循行路线与神经卡压所造成的反射区相结合，合理选择经筋治疗；若无神经卡压，可根据患者自身症状所涉及的区域，与经筋循行路线相结合治疗，可以选手太阳经筋、手少阳经筋、手阳明经筋、手太阴经筋等肩关节周围循行部位。

四、鉴别诊断

（一）肩袖损伤

肩袖是覆盖于肩前、上、后方之肩胛下肌、冈上肌、冈下肌、小圆肌等肌腱组织的总称，其共同功能是在任何运动或静止状态使肱骨头与肩盂保持稳定，使盂肱关节成为运动的轴心和支点，维持上臂各种姿势和完成各种运动功能。如在跌倒时手外展着地，或手持重物肩关节突然外展上举或扭伤时易引起本病。外力越大，肩袖撕裂越严重。肩袖完全断裂应与部分断裂区分开，部分冈上肌腱断裂者有 60°～120°的外展疼痛弧，但仍可自动抬起上臂；而肩袖完全断裂者，则严重影响肩的外展功能，不能抬起上臂。

（二）胸廓出口综合征

胸廓出口综合征指臂丛神经和锁骨下动、静脉脉在胸腔出口部和胸小肌喙突附着部受压所引起的综合征。该病可因颈肋，前斜角肌附着部先天性肥大，前、中斜角肌先天性分离不全，使出口减少，挤压锁骨下动脉和臂丛神经引起，包括过去所谓的颈肋综合征、前斜角肌综合征、锁肋综合征、过度外展综合征等。一般主诉为单侧肩臂痛，手臂发麻，乏力感，患臂持重物或上举时症状加重。阿迪森试验阳性（头旋向后方或同时上肢上举，桡动脉搏动由减弱到消失为阳性）。X 线摄片，有时可发现存在颈肋。特殊体征可与肩周炎做出鉴别。

（三）颈椎病

肩部皮肤的感觉神经来 C_3～C_4 神经根，上臂外侧皮神经来自 C_5～C_6 神经根。而深部感觉，包括关节囊、韧带分布的感觉神经来源于 C_5～C_8 神经根。因此，颈椎退变或颈椎间盘突出引起的神经根损害，症状可累及肩部。主要表现为颈痛、颈部僵硬，伴一侧肩、上肢痛或上臂和前臂的放射痛。

五、治疗方法

操作视频请扫码

（一）活血止痛

1. 操作部位 在基本治法基础上，增加肩井、肩髃、肩贞、天宗。

2. 操作手法 按法。

3. 操作步骤 在基本治法基础上，穴位处方增加肩井、肩髃、肩贞、天宗。

4. 解析 在原方基础上增加肩井、肩髃、肩贞、天宗可增强上肢和肩关节局部的气血运行，通则不痛。正如《素问·血气行志》说："形数惊恐，经络不通，病生于不仁，治之以按摩醪药。"

（二）疏经通络

1. 操作部位 肩关节周围经筋循行部位、上臂、前臂。

2. 操作手法 在基本治法基础上，增加搓法、拿法。

3. 操作步骤 患者取坐位，在基本治法基础上，用拿法施术于肩关节周围，操作 2 分钟；然后结合患者局部症状，指揉手太阳经筋、手少阳经筋、手阳明经筋、手太阴经筋等肩关节周围循行部位，每条经筋反复操作 1 分钟；最后用搓法从肩部到前臂反复上下搓动，反复操作 3～5 遍。

4. 解析 在基本治法基础上，辅以拿法和搓法，可进一步促进上肢、肩关节周围气血运行，减少炎性物质堆积，缓解肌肉痉挛，为下一步的松解手法做好充分准备。

（三）松解粘连

1. 操作部位 肩关节。

2. 操作手法 拨法、摇法、扳法、抖法。

3. 操作步骤 患者取坐位，医者利用拨法广泛施术于肩关节周围；然后使患者患肢放松。医者立于患侧，一手扶住患肩，手握其腕部或托住肘部，以肩关节为轴心进行肩关节摇法操作，幅度由小到大，以患者能耐受为度。然后，医者反手握住患侧的小指、无名指和中指，将患肢腕关节掌屈，并带动前臂向患者肩前方屈肘，抵于肩前方后，带动前臂内旋并分别沿患者腋前线、腋中线、腋后线方向向下牵拉，分别对患肩施以扳法操作，根据患肩功能障碍程度，可选用肩关节外展扳法、内收扳法、旋内扳法和上举扳法操作；最后握住患侧腕部，将患肢慢慢提起，使其上举，并同时做牵拉提抖 5～10 次。

4. 解析 通过拨法的强刺激，不仅可以增强痛阈值，缓解疼痛，还可进一步剥离粘连组织，起到松解粘连的作用。然后分别利用摇法、扳法、抖法进一步松解粘连，改善肩关节活动范围。

第二节 肩袖损伤

肩袖损伤是指由于肩部撞击损伤或肩肌腱退化，肩袖受到挤压、摩擦而产生的以疼痛、活动功能障碍为主的一种病症。

一、病因病理

（一）内因

1. 解剖结构因素 肩袖由冈上肌、冈下肌、小圆肌、肩胛下肌组成，位于由肩峰、喙肩韧带、喙突组成的喙肩弓和肱骨头之间，其深面为关节囊，浅面为肩峰下滑囊。肩袖与肩关节囊相混合包绕肩关节的前、上、后方。肩袖与周围组织之间的空隙非常狭小，当肩关节外展时，特别是完成略带内旋的外展位姿势时，肩袖肌腱和肩峰下滑囊受到肱骨头和肩峰或喙肩韧带的不断挤压、摩擦和牵拉，易引发肩袖损伤。肩袖的主要作用为稳定肩肱关节位置，使肱骨头与肩胛盂紧密接触，稳定关节。次要作用为供给关节活动的动力，协助肩关节外展及旋转。肩袖所处的特殊位置和它的双重作用，构成了肩袖易伤的解剖生理原理。

2. 退变因素 肩袖损伤随年龄的增长而增多，老年人冈上肌腱在肱骨头附近的肌腱纤维严重变性，细胞排列紊乱和肌腱断裂，表明退变是肩袖慢性损伤的基础，而慢性劳损可能是促进退变的因素。随着年龄的增长，肩部过度活动，超负荷运动，使肩袖受肩峰、喙肩韧带的磨损而诱发慢性炎症，致使退变加速。

（二）外因

1. 急性损伤 多见于肩部撞击伤，肩袖肌腱受到喙肩弓的碰撞、挤压而产生瘀血、充血、水肿，如摔倒时肩部着地、交通事故等；或跌倒时手外展着地，或当用手臂外侧抵挡重物或重力时，突然内收引起，由于冈上肌肌腱从冈上窝转向肱骨大结节的角度最大，所承受的牵拉力亦最大，最易损伤，与肩袖其他部位相比占 50%以上。

2. 风寒湿侵袭 风寒湿邪客留肩部，致使肌肉、血管痉挛、收缩，局部血液循环不良，组织缺血、缺氧，引起局部疼痛。

二、临床表现

（一）肩部疼痛

疼痛是肩袖损伤初期的主要症状。急性损伤于肩关节顶部局限性疼痛肿胀和压痛，疼痛在大小结节处，并向三角肌止点放射。慢性劳损疼痛呈间歇性，以夜间为甚，不能卧向患侧，或呈持续性钝痛，疼痛分布于肩关节前方和三角肌区。

（二）肩部运动障碍

活动肩部时，可出现弹拨或异常固定现象。肩关节外展 60°～120°时，可有响声及疼痛加重，如肩关节外展超过 120°时，则疼痛反而减轻。主动外展活动明显受限，一般不超过 90°时被动活动不受限制；被动外展超过 90°时可维持上肢升举位置，但若上肢升举位下降至水平位时可突然落于体侧。

（三）肌肉萎缩

肩袖损伤病史超过 3 周以上者，冈上肌、冈下肌和三角肌可见萎缩。

三、诊断要点

（一）病史

本病多发于40岁以上，特别是重体力劳动者、喜好运动者或长期从事肩部过度作业者。急性损伤者多有明确的损伤史，慢性疼痛者常有劳损史。

（二）症状体征

（1）急性损伤于肩关节顶部有局限性肿胀和压痛。慢性劳损疼痛分布于肩关节前方和三角肌区。

（2）肩峰外侧腱袖损伤处可有明显的触痛和深压痛；冈上肌损伤时，压痛在大结节顶部。冈下肌损伤时，压痛在大结节顶部的外侧。肩胛下肌损伤时，压痛在大结节的前下方。

（3）急性损伤者上举及旋转上臂时可感到有弹响和异常固定现象。慢性劳损者弹响较少见。

（4）肩外展抗阻力试验、肩坠落试验、撞击试验、疼痛弧试验、肩关节外展活动试验等至少有一项阳性。

（三）实验室检查

X线检查对本病诊断无直接诊断价值，但有助于排除肩关节骨折、脱位及其他骨关节疾患。MRI检查是目前临床上常用的诊断肩袖损伤的方法，可直观地观察肩袖损伤的程度、大小和残余肩袖组织的情况。

（四）经筋辨识

本书将经筋循行路线与神经卡压所造成的反射区相结合，合理选择经筋治疗；若无神经卡压，可根据患者自身症状所涉及的区域，与经筋循行路线相结合治疗，可以选手太阳经筋、手少阳经筋、手阳明经筋、手太阴经筋等肩关节周围循行部位。

四、鉴别诊断

（一）肩峰下滑囊炎

肩峰下滑囊炎主要表现为肩峰下疼痛、压痛，并可放射至三角肌，严重者有微肿。病程久时可引起局部肌肉萎缩，肩关节不能做外展、外旋等动作。

（二）肱二头肌长头肌鞘腱炎

肱二头肌长头肌鞘腱炎起病缓慢，逐渐加重，疼痛、压痛以肱骨结节间沟为主，肱二头肌抗阻力试验阳性。久则亦有功能障碍及肌肉萎缩。

五、治疗方法

（一）活血止痛

1. 操作部位 在基本治法基础上，增加肩髃、肩贞、臂臑、肩井及肩关节周围阿是穴。

2. 操作手法 按法。

3. 操作步骤 在基本治法基础上，穴位处方增加肩髃、肩贞、臂臑、肩井及肩关节周围阿是穴。

4. 解析 《素问·调经论》提出“血气不和，百病乃变化而生”。故在基本治法基础上增加肩关节周围的穴位和阿是穴，以增强行气活血止痛之效，通过按法的舒而缓之，松以和之，以恢复肩关节周围气血的运行。

（二）疏经通络

1. 操作部位 在基本治法基础上，增加前臂部。

2. 操作手法 在基本治法基础上，增加搓法、擦法。

3. 操作步骤 患者取坐位，医者站于患侧，指揉手太阳经筋、手少阳经筋、手阳明经筋、手太阴经筋等肩关节周围循行部位，每条经筋反复操作 1 分钟；然后在患肩部分别做搓法、擦法操作，以透热为度。再用搓法从肩关节至前臂往返操作 3～5 遍。

4. 解析 《灵枢·本脏》曰：“是故血和则经脉流利，营复阴阳，筋骨劲强，关节清利也。”故在基本治法基础上，增加搓法、擦法，进一步促进局部气血运行，为下一步滑利关节做好准备。

（三）滑利关节

1. 操作部位 患肢肩前部、肩后部、肩胛部。

2. 操作手法 拨法、摇法、抖法。

3. 操作步骤 患者取坐位，医者站于患侧，将患肩抬至 40°～60°利用拨法分别在肩前部、冈上肌、冈下肌、小圆肌等处进行刺激，手法宜深沉缓和；然后医者一手扶住患肩，另一手握住患者腕部或托住肘部，以肩关节为轴心做环转摇动，幅度由小到大；最后牵抖上肢。

4. 解析 拨法不仅可以松解粘连，还可减小肩关节组织间压力，促进损伤组织周围的血液循环，调节肌肉的收缩和舒张；配合肩关节摇法和抖法，可增大肩关节间隙，增加关节灵活度，达到滑利关节的作用。

第三节 肱二头肌长头肌腱鞘炎

肱二头肌长头肌腱鞘炎是指由于肱二头肌长头肌肌腱急性损伤或长期受到摩擦产生劳损，进而发生退变、粘连，造成肌腱滑动功能障碍所导致的以肱骨结节间沟部疼痛，伴有肩关节活动受限为主要临床表现的一种病症。

一、病因病理

（一）内因

1. 解剖结构因素 肱二头肌长头肌肌腱起于肩胛骨盂上结节，在肱骨结节间沟与横韧带形成的骨纤维管道中通过。当肩关节后伸、内收、内旋时，该肌腱滑向上方；而当肩关节前屈、外展、外旋时则滑向下方。当上肢在外展位屈肘时，肱二头肌长头肌肌腱容易磨损，长期的摩擦或过度活动可引起腱鞘充血、水肿、增厚，造成腱鞘滑膜层急性水肿或慢性损伤性炎症，从而导致肱二头肌长头肌肌腱在腱鞘内的滑动功能发生障碍，从而出现临床症状。

2. 退变因素 由于结节间沟骨质增生，不但沟底变浅，且表面粗糙不平，产生骨嵴，肱二头肌长头肌肌腱在沟内滑动，长期磨损变宽、变薄，致使肌腱脆弱。轻微外力即能引起长头肌肌腱断裂，通常在断裂以前，先有肩部疼痛和轻微运动僵硬等症状。

（二）外因

1. 急慢性损伤 肩关节受急性外伤或上臂用力不当，造成肱二头肌长头肌肌腱充血、水肿，甚至发生粘连而形成本病；在日常生活和工作中，由于肩关节的运动和肱二头肌的反复活动，使肌腱在肱骨结节间沟中长期遭受磨损而发生退行性改变，导致结节间沟底部粗糙或骨质增生，进而增加腱鞘与肌腱的摩擦，使腱鞘充血、水肿、管腔变窄，腱鞘肿胀、粗糙，从而造成肌腱滑动功能障碍，影响肩关节的活动功能。

2. 继发于肩关节炎 肱二头肌长头肌腱鞘与肩关节腔相通，任何肩关节的慢性炎症，都可引起腱鞘充血、水肿、细胞浸润，甚至纤维化、增厚、粘连形成，使肌腱滑动功能发生障碍。

二、临床表现

（一）肩前部疼痛

肱骨结节间沟处酸胀疼痛，昼轻夜重。疼痛可向上臂及前臂放射，活动后疼痛加重，患肢为减轻疼痛常保持在体侧垂直位或内旋位。主动或者被动牵拉肱二头肌长头肌肌腱时均可产生疼痛。肩部受寒、劳累后上述症状加重，休息或局部热敷后减轻。

（二）结节间沟肿胀

急慢性损伤性炎症可出现结节间沟处肿胀。

（三）肩部活动障碍

肩关节活动早期可无明显障碍，后期肩关节前屈、外展、外旋及肘关节屈伸活动受限。

三、诊断要点

（一）病史

本病发病年龄多在40岁以上。

（二）症状体征

（1）肩前部疼痛：肱骨结节间沟处酸胀痛，昼轻夜重。疼痛可向上臂及前臂放射，活动后疼痛加重，患肢为减轻疼痛常保持在体侧垂直位或内旋位。主动或被动牵拉肱二头肌长头肌肌腱时均可产生疼痛。

（2）肱骨结节间沟、肱二头肌长头肌肌腱压痛，少数患者可触及条索状物。

（3）肩关节运动受限：外展或外旋时明显。

（4）肱二头肌抗阻力试验、肩关节内旋试验至少一项出现阳性。

（三）实验室检查

X线检查一般无异常发现，病程较久可发现肌腱呈钙化阴影。部分患者可见结节间沟变窄、变浅，沟底或沟边有骨刺形成。

（四）经筋辨识

本书将经筋循行路线与神经卡压所造成的反射区相结合，合理选择经筋治疗；若无神经卡压，可根据患者自身症状所涉及的区域，与经筋循行路线相结合治疗，可以选手太阴经筋、手厥阴经筋、手少阴经筋等肩关节周围循行部位为主。

四、鉴别诊断

（一）肩峰下滑囊炎

肩峰下滑囊炎主要表现为肩峰下疼痛、压痛，并可放射至三角肌，严重者有微肿。病程久时可引起局部肌肉萎缩，肩关节不能做外展、外旋等动作。

（二）肩袖损伤

肩袖是覆盖于肩前、上、后方之肩胛下肌、冈上肌、冈下肌、小圆肌等肌腱组织的总称，其共同功能是在任何运动或静止状态使肱骨头与肩盂保持稳定，使盂肱关节成为运动的轴心和支点，维持上臂各种姿势和完成各种运动功能。如在跌倒时手外展着地，或手持重物肩关节突然外展上举或扭伤时易引起本病。外力越大，肩袖撕裂越严重。肩袖完全断裂应与部分断裂区分开，部分冈上肌腱断裂者有60°～120°的外展疼痛弧，但仍可自动抬起上臂；而肩袖完全断裂者，则严重影响肩的外展功能，不能抬起上臂。

五、治疗方法

（一）活血化瘀

1. 操作部位 在基本治法基础上，增加肩髃、肩贞、手三里。

2. 操作手法 按法。

3. 操作步骤 同基本治法，穴位处方增加肩髃、肩贞、手三里。

4. 解析 在基本治法基础上增加肩髃、肩贞、手三里，以增强肩关节及上肢局部气血运行，进一步缓解疼痛。

（二）疏经通络

1. 操作部位 在基本治法基础上，增加肱二头肌长头肌肌腱的起点。

2. 操作手法 在基本治法基础上，增加拨法。

3. 操作步骤 患者取坐位。医者站于患侧，首先结合患者症状，指揉手太阴经筋、手厥阴经筋、手少阴经筋等肩关节周围循行部位，每条经筋反复操作1分钟；然后用拨法施于肱二头肌长头肌肌腱的起点至结节间沟处。

4. 解析 在㨰法、揉法、拿法作用的基础上，配合指揉经筋和拨法，可进一步剥离粘连组织，改善肩关节的活动度，为下一步滑利关节做好准备。

（三）滑利关节

1. 操作部位 肩部。

2. 操作手法 摇法、抖法。

3. 操作步骤 患者取坐位，医者站于患侧，做大幅度的托肘摇肩动作，最后牵抖上肢结束治疗。

4. 解析 通过大幅度摇肩动作，可反复牵拉肱二头肌，通利肩部关节及筋膜韧带，松解肩部的粘连，有效缓解肌肉痉挛，最后辅以抖法，共奏滑利关节、松解粘连的作用。

第四节 肩峰下滑囊炎

肩峰下滑囊炎是指由于各种急、慢性损伤导致的肩峰下滑囊无菌性炎症，引起肩外侧疼痛伴肩关节外展、外旋运动明显受限为主要临床表现的一种病症，又称三角肌下滑囊炎。

一、病因病理

（一）内因

1. 解剖结构因素 肩峰下滑囊分为肩峰下和三角肌下两部分，两者中间可能有一薄的中隔，但大多数是相通的，滑囊将肱骨大结节与三角肌、肩峰突隔开，使肱骨大结节不致在肩峰下面发生摩擦。由于肩关节活动频繁且活动范围大，肱骨头与肩峰间的间隙忽大忽小，使得滑囊反复摩擦从而容易引发炎症。

2. 退变因素 人体在40岁以后，滑囊和周围肌肉、肌腱等软组织均可发生退行性改变，表现为组织弹性减弱、分泌滑液减少和滑膜增厚，从而促使肩峰下滑囊发生慢性损伤及炎症反应而导致本病。

（二）外因

1. 急性损伤 肩峰下滑囊位于肩峰与肱骨大结节之间，直接外力作用或长期反复摩擦可导致损伤。急性损伤后，局部发生充血、渗出、水肿和滑液分泌增多，形成滑囊积液，从而导致局部疼痛、肿胀，肩关节活动功能受限。长期炎症刺激可使滑膜增生、囊壁增厚，滑液分泌减少，组织粘连，从而影响肩关节外展、上举等活动而发生本病。当肩部遭受明显的直接撞击伤或肩部外展时受间接暴力捩伤，均可造成急性的肩峰下滑囊炎。

2. 慢性损伤 滑囊在肩峰下长期摩擦而引起炎性渗出，滑囊周围邻近组织损伤、劳损或退变，促使肩峰下滑囊产生水肿、增厚、囊内张力增高，或发生滑囊壁内互相粘连，从而影响上臂外展和旋转肩关节的正常活动。同时，由于炎症和张力因素反射性地刺激神经末梢而产生疼痛。

3. 继发性病变 肩峰下滑囊炎常不是一项单独现象，而是继发于肩关节邻近组织退化和慢性炎症，尤与冈上肌肌腱炎最为密切。因为冈上肌肌腱在肩峰下滑囊的底部，当冈上肌肌腱发生慢性劳损或退行性病变时，肩峰下滑囊必然同时受影响，所以肩峰下滑囊有病变时，也隐藏着冈上肌肌腱的疾病。

二、临床表现

（一）肩部疼痛

肩外侧深部疼痛，并向三角肌止点放射。疼痛一般为昼轻夜重，可因疼痛而夜寐不安。

（二）肩关节运动障碍

初期肩关节活动受限较轻，日久与肌腱粘连而使活动明显受限，尤以外展、外旋受限更甚。

（三）肌肉改变

急性期可因滑囊充血水肿，三角肌多呈圆形肿胀，病程日久可出现肌肉萎缩，以冈上肌和冈下肌出现较早，晚期可出现三角肌萎缩。

三、诊断要点

（一）病史

本病常有急、慢性损伤和劳损史，多继发于冈上肌肌腱炎。

（二）症状体征

（1）肩外侧深部疼痛，并向三角肌止点放射，昼轻夜重。

（2）肩关节运动受限以外展、外旋为甚。

（3）肩关节外侧肩峰下和肱骨大结节处有明显的局限性压痛，上肢下垂时三角肌止点处饱满，有广泛性深压痛。

（4）肩关节外展试验阳性。

（三）实验室检查

X线检查一般无异常，但可排除骨性病变。后期可见冈上肌肌腱内有钙盐沉着。MRI检查可见肩峰下积液。

（四）经筋辨识

本书将经筋循行路线与神经卡压所造成的反射区相结合，合理选择经筋治疗；若无神经卡压，可根据患者自身症状所涉及的区域，与经筋循行路线相结合治疗，可以选手太阳经筋、手少阳经筋、手阳明经筋、手太阴经筋等肩关节周围循行部位为主。

四、鉴别诊断

（一）肱二头肌长头肌鞘腱炎

肱二头肌长头肌鞘腱炎起病缓慢，逐渐加重，疼痛、压痛以肱骨结节间沟为主，肱二头肌抗阻力屈肘时局部疼痛加重。久则亦有功能障碍及肌肉萎缩。

（二）颈椎病

肩部皮肤的感觉神经来 C_3～C_4神经根，上臂外侧皮神经来自 C_5～C_6神经根。而深部感觉，包括关节囊、韧带分布的感觉神经来源于 C_5～C_8神经根。因此，颈椎退变或颈椎间盘突出引起的神经根损害，症状可累及肩部。主要表现为颈痛、颈部僵硬，伴一侧肩、上肢痛或上臂和前臂的放射痛。

五、治疗方法

（一）活血止痛

1. 操作部位 在基本治法基础上，空位增加肩髃、臂臑、肩井。

2. 操作手法 按法。

3. 操作步骤 在基本治法基础上，穴位增加肩髃、臂臑、肩井。

4. 解析 通过按法刺激处方中配伍的腧穴，可激发气血运行，增强基本治法中行气活血止痛的作用。

（二）疏经通络

1. 操作部位 在基本治法基础上，增加肱二头肌长头腱的起点。

2. 操作手法 在基本治法基础上，增加拨法。

3. 操作步骤 患者取坐位，医者站于患侧，首先结合患者症状，指揉手太阳经筋、手少阳经筋、手阳明经筋、手太阴经筋等肩关节周围循行部位，每条经筋反复操作 1 分钟；然后用拨法施于肱二头肌长头腱的起点至结节间沟处。

4. 解析 在㨰法、揉法、拿法作用的基础上，配合指揉经筋和拨法，可进一步剥离粘连组织，改善肩关节的活动度，为下一步滑利关节做好准备。

（三）滑利关节

1. 操作部位 肩部、上臂部、臑俞。

2. 操作手法 摇法。

3. 操作步骤 患者取端坐位，术者立于患者后侧，一手拇指按压患者臑俞，其余四指按压在肱骨大结节处，另一手托握住肘关节，做肩关节顺、逆时针摇动，摇动范围由小到大，逐步增至正常生理活动范围。

4. 解析 通过肩关节顺、逆时针摇动，可以起到松解粘连，滑利关节的作用。

思考题

1. 试述肩痹痛的发病机制。
2. 简述肩关节周围炎和肩袖损伤的鉴别诊断。

第九章

肘 痹 痛

学习目的

熟悉肘痹痛的临床表现和治疗原则，掌握肘痹痛的基本治法；熟悉肱骨外上髁炎、肱骨内上髁炎的临床表现、诊断要点、鉴别诊断，掌握不同疾病的经筋辨识及治疗方案的加减。

肘痹痛是由多种因素导致的以肘部长期疼痛为主要表现的一种病症。本病主要是由于人体正气不足，肘部感受外邪或外伤、劳损等所致，以肘部疼痛、活动受限为主要症状，主动活动、受寒或劳损加重。肘痹痛既是一个独立疾病，又可以是其他疾病的兼症。因骨折、脱位急性期及肿瘤等其他疾病所引发的肘痹痛，不在此范围。

一、中医临床表现

主要症状：肘部疼痛，可掣引上臂及前臂，肘关节活动受限，可反复发作。根据中医辨证分型，可将本病分为风寒湿痹证、风湿热痹证、痰瘀痹阻证、气滞血瘀证、肝肾亏虚证五个证型，具体分型临床表现如下。

1. 风寒湿痹证 肘关节疼痛，痛有定处，疼痛剧烈，遇寒痛增，得温痛减，肘关节不可屈伸，痛处不红不热，常有冷感。舌苔薄白，脉弦紧或沉迟而弦。

2. 风湿热痹证 肘关节疼痛，疼痛游走，痛处焮红灼热，肿胀，疼痛剧烈，得冷稍舒，痛不可触，筋脉拘急，兼有发热、口渴、心烦等全身症状。舌红，苔黄，脉滑数或浮数。

3. 痰瘀痹阻证 关节刺痛，固定不移，或关节肌肤紫暗，肿胀，甚则强直畸形，屈伸不利，有硬结，瘀斑，面色暗黧，或伴胸闷痰多。舌质紫暗，苔白腻，脉细涩。

4. 气滞血瘀证 肘部或长期劳损，或跌仆外伤，局部刺痛，固定不移，肘关节或强直，或肿胀，屈伸不利，局部皮肤可见瘀血瘀斑。舌暗苔白，脉弦涩。

5. 肝肾亏虚证 肘痹日久不愈，肘关节肿大僵硬、变形，甚至肌肉萎缩，筋脉拘急，肘部不伸，伴腰膝酸软，骨蒸劳热，自汗，盗汗。舌质红或淡，脉沉细数。

二、治 疗 原 则

肘痹痛的基本治法以“活血止痛”“疏经通络”为主，待疼痛缓解后，根据不同疾病的特点，增加“滑利关节”等治法。

三、基本治法

（一）活血止痛

1. 操作部位 曲池、肘髎、手三里、偏历、列缺、合谷。

2. 操作手法 按法。

3. 操作步骤 患者取坐位，曲肘，医者位于患侧，用拇指分别按压曲池、肘髎、手三里、偏历、列缺、合谷穴，每个穴位按压 1 分钟，以酸胀为宜。老年人切忌按压力度过大，以避免骨折。

4. 解析 利用按法刺激处方穴位，可以促进上肢及肘关节局部气血运行，达到活血止痛之效，为下一步疏经通络做好准备。

（二）疏经通络

1. 操作部位 患侧肘部手三阳经筋循行区域。

2. 操作手法 指揉法。

3. 操作步骤 患者取坐位，曲肘，医者位于患侧，选取肘关节周围手三阳经筋循行区域，自下而上做单方向的指揉操作，用力均匀、节律整齐，每条经筋操作 2 遍。

4. 解析 通过对经筋循行走向及其所分布区域和穴位进行循经指揉，发挥其“主束骨，利关节”的作用，以改善肘关节的活动功能。

第一节 肱骨外上髁炎

肱骨外上髁炎是指由于急、慢性损伤而致的肱骨外上髁周围软组织的无菌性炎症。临床上以肘关节外侧疼痛、旋前功能受限为主症，常见于反复做前臂旋前、用力伸屈肘腕关节，或长时间从事上述单一动作的成年人，多见于网球运动员，故又称网球肘。

一、病因病理

本病多发生在前臂旋前位做腕关节主动背伸时，突然猛力动作致使前臂桡侧腕伸肌强烈收缩，容易造成急性损伤；或者由于工作关系，前臂旋前位经常性地做反复拉伸动作，致使前臂肌腱反复牵拉紧张、积劳发生损伤。

二、临床表现

（一）肘后外侧酸痛

本病多起病缓慢，疼痛呈持续渐进性发展，其疼痛在前臂旋转背伸、提拉、端、推等动作时更为剧烈，同时疼痛沿前臂桡侧向下放射，休息时减轻或消失，可反复发作。

（二）前臂无力

握力减弱，甚至持物落地。

（三）压痛

肱骨外上髁及肱桡关节处明显压痛，以及沿腕伸肌行走方向广泛压痛。

（四）肿胀

肱骨外上髁局部肿胀，病程较长者，在压痛部位可触及明显的条索状结节。

（五）特殊检查

前臂伸肌紧张试验和网球肘试验阳性。

三、诊断要点

（一）症状体征

（1）肘部肱骨外上髁明显压痛。
（2）前臂伸肌紧张试验和网球肘试验阳性。

（二）经筋辨识

本书将经筋循行路线与神经卡压所造成的反射区相结合。可根据神经卡压后反射区结合患者自身症状，合理选择经筋治疗：神经卡压反射区以肘部三阳经筋的循行部位为主。

四、鉴别诊断

（一）桡管综合征

桡管综合征的痛点在由肱桡肌和桡侧腕长、短伸肌肌腹构成的可移动的软组织块的中点，主动伸指、伸腕运动的同时，检查者屈曲其中指会诱发疼痛，前臂抗阻力旋后可诱发症状。

（二）肱骨内上髁炎

肱骨内上髁炎的特点为肱骨内上髁处疼痛与压痛。若前臂外旋、腕关节背伸时，被动伸直肘关节可引起局部疼痛加剧，前臂伸肌牵拉试验阴性。

五、治疗方法

（一）活血止痛

1. 操作部位 在基本治法基础上，增加小海、阳溪、阳谷穴。
2. 操作手法 按法。
3. 操作步骤 同基本治法操作，穴位处方增加小海、阳溪、阳谷穴。
4. 解析 方中增加的三个穴位也均为肘关节局部和上肢穴，具有活血行气之效，可增强基本治法的止痛效果。

（二）疏经通络

1. 操作部位 在基本治法基础上，增加肱骨外上髁局部组织。

2. 操作手法 在基本治法基础上，增加拨法、推法。

3. 操作步骤 在基本治法基础上，用拨法重点刺激肘部肱骨外上髁局部肌肉。以右侧为例，医者右手持腕，使患者右前臂旋后，从肘部沿前臂外侧操作，反复3～5遍，拨的范围可上下移动；最后医者沿患者手阳明经筋自下而上反复施以推法，操作1分钟。

4. 解析 在基本治法基础上，配合肘关节局部的强刺激拨法，可剥离粘连组织，以松肌解痉；同时辅以推法施术于手阳明经筋，可进一步起到行气活血止痛的作用，从而逐渐改善肘关节的活动功能。

（三）滑利关节

1. 操作部位 患侧肘关节。

2. 操作手法 拔伸法、扳法、摇法、擦法、搓法。

3. 操作步骤 患者取坐位，曲肘，医者位于患侧，一手握肱骨下端，另一手握腕部做对抗用力，拔伸肘关节3～5次；在此过程中，握腕部的手做轻度的前臂旋转摇法，另一手拇指同时按揉桡骨头；在拔伸的过程中再做肘关节屈伸扳动3～5次；然后用擦法沿腕伸肌群往返操作数次，以透热为度。最后自上而下夹搓上肢，往返重复5～10次，注意肘关节处要收力。

4. 解析 利用拔伸法、扳法配合摇法，可进一步松解粘连，改善肘关节的活动功能；辅以搓法、擦法可促进上肢和局部血液循环，起到活血止痛，祛瘀生新的作用。诸法共用，以达到滑利关节之功。

第二节 肱骨内上髁炎

肱骨内上髁炎是指由于急、慢性损伤而致的肱骨内上髁周围软组织的无菌性炎症。临床上以肘关节内侧疼痛、主动屈腕受限为主症。本病又称学生肘、高尔夫肘。

一、病 因 病 理

本病病因病理与肱骨外上髁炎类似，发病率较肱骨外上髁炎低，发生在肘关节肱骨内上髁处。外伤劳损或者外感风寒湿邪时，腕屈肌总腱纤维出现部分撕裂或者肱骨内上髁骨膜出现炎性反应，产生水肿、出血、血肿机化、纤维增生、瘢痕组织形成等变化，以致粘连、钙化，从而引起肘、腕关节活动障碍。

二、临 床 表 现

（一）肘后内侧酸痛

本病多起病缓慢，患处初起疼痛为阵发性，逐渐变为持续性，可放射到前臂掌侧，每当劳累或者感寒时疼痛加重，休息后减轻，亦与气候变化有关。

（二）肘部运动障碍

肘关节活动受限，特别是当用力握拳、提物等腕关节有屈伸活动时疼痛明显，局部肿胀不明显，日久可出现肘部肌肉萎缩，肘关节屈伸活动障碍。

（三）压痛

肱骨内上髁处及尺侧腕屈肌、指浅屈肌部有明显压痛点。

（四）特殊检查

前臂屈肌紧张试验及抗阻力前臂旋前试验阳性。

三、诊断要点

（一）症状体征

（1）肘部肱骨内上髁明显压痛。
（2）前臂屈肌紧张试验及抗阻力前臂旋前试验阳性。

（二）经筋辨识

本书将经筋循行路线与神经卡压所造成的反射区相结合。可根据神经卡压后反射区结合患者自身症状，合理选择经筋治疗：神经卡压反射区以肘部三阴经筋的循行部位为主。

四、鉴别诊断

（一）肱桡关节滑囊炎

肱桡关节滑囊炎患者肘部旋前、旋后功能均受限，其疼痛点的位置比肱骨外上髁炎略高，压痛比肱骨外上髁炎轻。穿刺针抽吸可见有积液。

（二）肱骨外上髁炎

肱骨外上髁炎患者肘部有劳损病史，肘部肱骨外上髁明显压痛，前臂伸肌紧张试验和网球肘试验阳性。

五、治疗方法

（一）活血止痛

1. 操作部位　在基本治法基础上，增加尺泽、曲泽、少海穴。
2. 操作手法　按法。
3. 操作步骤　同基本治法操作，穴位处方增加尺泽、曲泽、少海穴。
4. 解析　方中增加的三个穴位也均为肱骨内上髁局部腧穴，配合基础处方，可进一步增强活血行气的作用，解除肘关节局部瘀血阻滞状态，缓解疼痛。

（二）疏经通络

1. 操作部位 在基本治法基础上，增加肘部肱骨内上髁周围组织及手少阴经筋。

2. 操作手法 在基本治法基础上，增加拨法、推法。

3. 操作步骤 在基本治法基础上，用拨法重点刺激肘部肱骨内上髁局部肌肉。以右侧为例，医者右手持腕，使患者右前臂旋前，从肘部沿前臂内侧操作 3～5 次，拨法的范围可上下移动；医者沿患者手少阴经筋自下而上反复施以推法，操作 1 分钟。

4. 解析 在基本治法基础上，通过强刺激的拨法施术于肘关节周围，可剥离粘连组织，以松肌解痉；同时辅以推法施术于手少阴经筋，可进一步起到行气活血止痛的作用，从而逐渐改善肘关节的活动功能。

（三）滑利关节

1. 操作部位 患侧肘关节周围。

2. 操作手法 拔伸法、擦法、搓法等。

3. 操作步骤 患者取坐位，曲肘，医者位于患侧，一手托住肘部，另一手握手部，双手配合，先使肘关节最大限度屈曲，而腕关节尽量背屈，然后将前臂完全旋后，在此动作不变的基础上将肘关节伸直，操作 3～5 次后，拔伸肘关节；用擦法沿腕屈肌群往返操作数次，以透热为度；最后搓上肢数次，以理筋整复。

4. 解析 利用拔伸法，进一步松解粘连，滑利关节，改善活动功能。采用搓法及擦法，可以起到活血止痛，祛瘀生新的作用。

思考题

试述肱骨内上髁和肱骨外上髁在发病机制、治疗方案中的异同。

第十章

腕 痹 痛

学习目的

熟悉腕痹痛的临床表现和治疗原则，掌握腕痹痛的基本治法；熟悉桡骨茎突腱鞘炎、腕关节扭伤（慢性）的临床表现、诊断要点、鉴别诊断，掌握不同疾病的经筋辨识及治疗方案的加减。

腕痹痛是因多种因素导致的以腕周围长期疼痛为主要表现的一种病症。本病主要由于腕部感受外邪侵袭或外伤、劳损等所致，以腕部疼痛、活动受限为主要表现，主动活动、受寒或劳损加重。腕痹痛既是一个独立疾病，又可以是其他疾病的兼症。因骨折、脱位急性期及肿瘤等其他疾病所引发的腕痹痛，不在此范围。

一、中医临床表现

腕部冷痛或酸痛，可掣引肘部及全掌，腕关节活动受限，疼痛在活动时加重或出现剧烈疼痛，劳累后更甚，或日轻夜重，或受寒及阴雨加重，休息时疼痛明显减轻或消失，可反复发作。可伴有面色皖白，或痛有定处，或肢体发凉，或伴有热感。舌质淡或暗紫，脉弦。

二、治 疗 原 则

腕痹痛的基本治法以“活血止痛”为主，待疼痛缓解后，根据不同疾病的特点，增加“滑利关节”等治法。

三、基 本 治 法

活血止痛

1. 操作部位 合谷、阳溪、太渊、大陵、神门、阳谷、阳池、内关、外关。

2. 操作手法 按法。

3. 操作步骤 患者取坐位，屈肘松腕，医者位于患侧，用拇指分别按压患者合谷、阳溪、太渊、大陵、神门、阳谷、阳池、内关、外关穴，每穴 1 分钟，以酸胀为宜。

4. 解析 方中所选穴位均为腕关节周围穴位，利用按法刺激处方穴位，达到促进腕关节局部气血运行，改善周围瘀血阻滞状态，缓解疼痛的目的。

第一节 桡骨茎突狭窄性腱鞘炎

桡骨茎突狭窄性腱鞘炎是指因腕及拇指经常性用力过度或劳损，而致拇长展肌腱与拇短伸肌腱在桡骨茎突部腱鞘因机械性摩擦而引起的慢性无菌性炎症。临床上以桡骨茎突处出现肿胀、疼痛、活动受限为主症。狭窄性腱鞘炎在手腕、手指、踝、趾部位均可发生，但以桡骨茎突部最为多见。本病多发于腕部频繁活动者，女性发病率高于男性。

一、病因病理

日常生活与工作中，腕部及拇指的频繁活动引起拇长展肌腱与拇短伸肌腱桡骨茎突部腱鞘在纤维性鞘管内过度摩擦是导致本病的主要原因。桡骨茎突表面的纤维性鞘管伸展空间有限，拇指内收和腕关节过度的尺偏动作致使肌腱走行方向发生角度改变，引起肌腱腱鞘的损伤性炎症。

以寒湿为主的外因刺激下，肌肉痉挛，肌张力增高，肌腱与腱鞘机械性摩擦力增强，出现无菌性炎症反应，迁延日久则继发性出现腱鞘增厚、腱鞘与肌腱之间产生不同程度的粘连，致使关节活动障碍更加明显。

二、临床表现

（一）桡骨茎突疼痛

本病多起病缓慢，早期仅感局部酸胀疼痛，腕部无力，初起较轻，逐渐加重，可放射至手或肘肩部，严重时局部出现明显的酸胀感或烧灼感，遇寒冷刺激或拇指活动时疼痛加剧。

（二）拇指活动无力

伸拇指或外展拇指活动受限，无法顺利完成拇指参与的握持动作，日久可引起大鱼际萎缩。

（三）压痛

桡骨茎突有明显压痛点，并可向手或肘肩部放射。

（四）肿胀

桡骨茎突处轻度肿胀，可触及条索状筋结，拇指运动时有摩擦感或摩擦音。

（五）特殊检查

握拳试验阳性。

三、诊断要点

（一）症状体征

（1）桡骨茎突明显压痛、肿胀、有摩擦感。
（2）握拳试验阳性。

（二）经筋辨识

本书将经筋循行路线与神经卡压所造成的反射区相结合，或根据神经卡压后反射区结合患者自身症状，可选择手阳明经筋、手太阴经筋等。

四、鉴别诊断

（一）腕舟骨骨折

腕舟骨骨折表现为腕桡侧深部疼痛，鼻咽窝部肿胀及压痛，第1～2掌骨远端腕部叩击痛（+），外展位X线常可早期明确诊断。

（二）桡尺关节损伤

间接损伤为桡尺关节损伤的常见原因，桡尺关节稳定性减弱，握物无力，有挤压痛、异常错动感，转腕可出现响声，前臂旋前尺骨小头向背侧突出。

（三）腕关节结核

腕关节结核以局部肿胀、疼痛和功能受限为主。寒性脓肿和窦道常见于腕背侧。关节破坏严重者可发生腕下垂或尺偏畸形。时有合并腕部腱鞘结核者。

五、治疗方法

（一）活血止痛

1. 操作部位 在基本治法基础上，增加经渠、列缺穴和手阳明经筋、手太阴经筋之腕关节循行部位。

2. 操作手法 按法、揉法。

3. 操作步骤 同基本治法操作，穴位增加经渠、列缺穴；然后指揉手阳明经筋、手太阴经筋之腕关节循行部位，每条经筋反复操作1分钟。

4. 解析 方中增加的两个穴位均为桡骨茎突局部腧穴，具有活血行气的作用，可增强基本治法的止痛效果。

（二）滑利关节

1. 操作部位 患侧桡骨茎突周围组织。

2. 操作手法 拨法、拔伸法、摇法、擦法。

3. 操作步骤 患者取坐位，曲肘松腕，医者位于患侧，用轻快柔和的拨法沿患者前臂拇长展肌与拇短伸肌到第 1 掌骨背侧，做上下往返治疗，操作 1 分钟；然后医者一手握住患者腕部，另一手握其拇指做拔伸法，同时配合拇指的外展、内收活动，缓缓摇动腕关节，操作约 5 分钟；最后以桡骨茎突为中心，施以擦法，以透热为度。

4. 解析 通过对腕关节周围软组织施以拨法，可以起到松解粘连的作用；配合腕关节的拔伸法和摇法，可以进一步改善腕关节活动功能；最后辅以局部擦法，可促进局部气血运行，缓解疼痛，祛瘀生新。

第二节 腕关节扭伤（慢性）

腕关节扭伤是指腕关节因用力不当或受到直接或间接暴力而造成的关节周围韧带、肌肉、关节囊等软组织牵拉损伤。临床上以腕关节周围出现肿胀、疼痛、活动受限为主症。

一、病因病理

腕关节结构复杂，软组织众多，活动频繁，在受到直接或间接暴力冲击的情况下，腕关节过度背伸、扭转，超出关节正常活动范围，使腕关节周围肌腱、韧带、关节囊受损。轻者出血，关节周围韧带撕裂；重者肌腱断裂，韧带完全撕裂，可合并发生韧带撕脱、骨关节脱位等情况。常见损伤部位有腕掌侧韧带、腕背侧韧带、腕桡侧副韧带和腕尺侧副韧带，其相应部位疼痛明显。

二、临床表现

（一）疼痛

急性损伤时，腕部疼痛，关节肿胀，皮下瘀青；慢性损伤时，疼痛较轻，仅在某一姿势或大幅活动时诱发疼痛或疼痛加剧。

（二）握力减弱

握持力减弱，运动不灵活，腕部常有乏力、沉紧感。

（三）压痛及活动受限

受伤部位有明显压痛，不同部位压痛点和活动受限方向不同，与受累肌腱、韧带相反方向的主要活动受限。

（四）特殊检查

分离试验阳性：即做受累肌腱、韧带相反方向的被动活动，在受损部位可出现明显疼痛。

三、诊断要点

（一）病史

本病有比较明确的腕部损伤病史。

（二）症状体征

（1）腕关节局部疼痛。

（2）压痛明显，受损部位活动受限。

（三）经筋辨识

本书将经筋循行路线与神经卡压所造成的反射区相结合，或根据神经卡压后反射区结合患者自身症状，可选择手阳明经筋、手太阴经筋等。

四、鉴别诊断

（一）腕舟骨骨折

腕舟骨骨折表现为腕桡侧深部疼痛，鼻咽窝部肿胀及压痛，第 1～2 掌骨远端腕部叩击痛（+），外展位 X 线常可早期明确诊断。

（二）桡尺关节损伤

间接损伤为桡尺关节损伤的常见原因，桡尺关节稳定性减弱，握物无力，有挤压痛、异常错动感，转腕可出现响声，前臂旋前尺骨小头向背侧突出。

（三）月骨骨折或脱位

月骨骨折或脱位腕常有明确的背伸外伤史，如行走跌倒时以手掌撑地等，伤后腕部肿胀、疼痛、畸形，X 线及 CT 检查可协助诊断。

五、治疗方法

（一）活血止痛

1. 操作部位 在基本治法基础上，增加后溪、列缺穴及腕关节区域循行的经筋。

2. 操作手法 在基本治法基础上增加指揉法。

3. 操作步骤 在基本治法基础上，穴位处方增加后溪、列缺穴；同时利用指揉施术于腕关节周围循行的经筋，自下而上做单方向的指揉操作，用力均匀、节律整齐，每条经筋操作 2 遍。

4. 解析 方中增加的两个穴位均为腕关节局部腧穴，配合腕关节局部的经筋治疗，可增强活血行气止痛的作用。

（二）滑利关节

1. 操作部位 腕关节。

2. 操作手法 拨法、拔伸法、摇法、扳法、擦法。

3. 操作步骤 腕关节慢性损伤多为陈旧性伤，用力可相对应地加大，以拨法沿患者腕关节周围往返治疗，范围由小到大，用力由轻到重，操作 1 分钟；然后医者双手握住患者腕部，持续性连续拔伸腕关节 5～10 次，并在此基础上，使腕关节被动地做环旋摇法数次，然后做背屈、掌屈、侧偏等方向的扳动；最后以腕关节受损部位为中心施以擦法，以透热为度。

4. 解析 通过对腕关节周围软组织的拨法，可松解粘连，起到松肌解痉、疏经通络之效；配合腕关节的拔伸法、摇法、扳法，进一步改善腕关节的活动功能，改善临床症状。

思 考 题

1. 简述桡骨茎突腱鞘炎的诊断要点。
2. 试述桡骨茎突腱鞘炎与腕管综合征的鉴别诊断。

第十一章

膝 痹 痛

学习目的

熟悉膝痹痛的临床表现和治疗原则，掌握膝痹痛的基本治法；熟悉膝关节骨性关节炎、半月板损伤、膝关节创伤性滑膜炎的临床表现、诊断要点、鉴别诊断，掌握不同疾病的经筋辨识及治疗方案。

膝痹痛是一种常见的以软骨退行性变和继发骨质增生为主，以关节疼痛、僵硬和活动受限或伴关节肿胀为主要临床表现的慢性退行性骨关节病，多发于中老年人。《素问·痹论》指出"所谓痹者，各以其时重感于风寒湿者也"。膝痹痛既是一个独立疾病，又可以是其他疾病的兼症。因骨折、脱位等其他疾病所引发的膝痛，不在此范围。

一、中医临床表现

主要症状：膝关节疼痛，活动受限，关节活动后可伴有摩擦或弹响音。根据中医辨证分型，可将本病分为风寒湿痹证、风湿热痹证、瘀血闭阻证、肝肾亏虚证四个证型。具体不同分型临床表现如下。

1. 风寒湿痹证 肢体关节酸楚疼痛，痛处固定，有如刀割或有明显重着感或患处肿胀感，关节活动欠灵活，畏风寒，得热则舒。舌质淡，苔白腻，脉紧或濡。

2. 风湿热痹证 以起病较急，病变关节红肿，灼热，疼痛，甚至痛不可触，得冷则舒为特征；可伴有全身发热，或皮肤红斑，硬结。舌质红，苔黄，脉滑数。

3. 瘀血闭阻证 膝关节局部刺痛，痛处固定，局部有僵硬感，或麻木不仁。舌质紫暗，苔白而干涩，脉弦涩。

4. 肝肾亏虚证 膝关节隐隐作痛，腰膝酸软无力，酸困疼痛，遇劳更甚。舌质红，少苔，脉沉细无力。

二、治 疗 原 则

膝痹痛的基本治疗原则为"活血止痛""疏经通络"，还可根据不同疾病自身的特点，增加"滑利关节"等治疗。

三、基本治法

（一）活血止痛

1. 操作部位 太溪、解溪、足三里、风市、冲门。

2. 操作手法 按法。

3. 操作步骤 患者取仰卧位，医者立于患侧，利用按法施术于太溪、解溪、足三里、风市、冲门穴，每个穴位操作 1 分钟，以酸胀为宜，其中冲门穴按压后要徐徐将手放松，使患者下肢有热流下行之感为宜。

4. 解析 急性期患者膝关节局部疼痛较剧，活动受限，因此，本期治疗以按穴为主。通过按法刺激处方穴位，达到促进膝关节局部及下肢部气血运行之效，以改善膝关节局部瘀血阻滞现象，缓解膝关节疼痛。

（二）疏经通络

1. 操作部位 髌骨周围组织、膝关节周围循行经筋。

2. 操作手法 揉法、拨法、拿法、擦法。

3. 操作步骤 患者取仰卧位，医者站于一侧，以揉法与拨法交替作用在髌韧带、内外侧副韧带，操作 5 分钟；根据患者症状，指揉足太阳经筋、足阳明经筋、足少阴经筋、足厥阴经筋等，每条经筋反复操作 1 分钟；然后提拿髌骨 5 次；最后以擦法擦患膝周围，以透热为度。

4. 解析 利用拨法作用于髌骨周围软组织，可充分松解髌周肌肉，松解粘连，降低肌张力，缓解肌肉痉挛，配合揉法轻重交替、刚柔并济的操作，可以有效避免因局部的过度刺激而引起充血，进而形成新的无菌性炎症。利用拿法可增加关节间隙，改善膝关节活动度，缓解疼痛；最后利用擦法可进一步促进局部气血运行，增强组织代谢，有利于损伤组织的修复。

第一节 膝关节骨性关节炎

膝关节骨性关节炎是指由于膝关节的退行性改变和慢性积累性损伤，引起的膝关节软骨变性，关节增生，骨刺形成等病理改变，以膝关节疼痛，运动受限为主要临床症状的一种病症，又称“增生性膝关节炎”“老年性膝关节炎”。本病多发于 50 岁以上中老年人，以肥胖者、体力劳动者、运动员多见。

一、病因病理

本病的发生常与下列因素有关：随着年龄的增长，关节内软骨及关节面的退变不断加重，关节稳定性下降，在这种情况下，增生的骨质起着代偿作用；容易使膝关节遭受创伤的职业如工人、运动员的发病率高且发病早，创伤可使原有退变和症状提前或加重；膝关节的内翻与外翻畸形、足部畸形、髋关节畸形、脊柱畸形均可导致膝关节骨性关节炎过早出现且较重；肥胖患者较体形偏瘦的人发病率高；久居寒冷潮湿之地的人较处于温暖干燥之地的人发病率高。

二、临床表现

（一）膝关节疼痛

膝关节初期仅感无力，逐渐出现活动时疼痛，后为持续性，劳累后或夜间加重。

（二）活动受限

上下楼梯时疼痛明显，甚则跛行，跑、跳、跪、蹲时膝关节运动受限。

（三）肌肉萎缩

股四头肌及胫前肌萎缩。

（四）关节畸形

增生致膝关节呈假性肥大性改变。

三、诊断要点

（一）病史

本病发病缓慢，有膝关节慢性劳损病史。

（二）症状体征

（1）膝关节疼痛，用力时疼痛明显，关节间隙有深压痛，甚则跛行。
（2）膝关节运动障碍：关节活动时可有弹响音、摩擦音，部分患者可出现关节肿胀。
（3）膝关节内翻、外翻畸形。
（4）股四头肌轻度萎缩。

（三）实验室检查

X 线片可见关节间隙变窄，关节边缘骨赘形成、胫骨髁间嵴变尖，髌股关节间隙变窄，髌骨边缘骨质增生。

（四）经筋辨识

本书将经筋循行路线与神经卡压所造成的反射区相结合，或根据神经卡压后反射区结合患者自身症状，可选择足太阳经筋、足阳明经筋、足少阴经筋、足厥阴经筋等。

四、鉴别诊断

（一）髌骨软化症

髌骨软化症表现为膝关节活动量越大，疼痛越明显，且有过伸痛，行走无力。膝前侧、下端、内侧、外侧及腘窝均有压痛，按压髌骨时伸膝，可触及摩擦感及疼痛。髌骨研磨试验阳性。

（二）半月板损伤

半月板损伤多有外伤史，伤后关节疼痛、肿胀，有弹响音和交锁现象，膝内外间隙压痛，以股四头肌内侧尤明显。麦氏征和研磨试验阳性。

操作视频请扫码

五、治疗方法

（一）活血止痛

1. 操作部位 在基本治法基础上，增加鹤顶、内外膝眼、阳陵泉、血海、梁丘、伏兔。

2. 操作手法 按法。

3. 操作步骤 同基本治法操作，穴位处方增加鹤顶、内外膝眼、阳陵泉、血海、梁丘、伏兔。

4. 解析 鹤顶、内外膝眼、血海、梁丘、伏兔属于膝关节局部穴位，可促进气血运行；而阳陵泉乃筋之会穴，可疏筋通络止痛，配合基本治法中的风市穴可加强驱风疏经通络之功。

（二）疏经通络

1. 操作部位 在基本治法基础上，增加大腿后侧、腘窝、小腿后侧、委中、承山。

2. 操作手法 在基本治法基础上，增加㨰法。

3. 操作步骤 患者取俯卧位，医生站于一侧，在基本治法基础上，以㨰法作用于大腿后侧、腘窝及小腿后侧，重点在腘窝部，操作约3分钟；然后拿委中、承山穴5次；最后根据患者膝关节具体症状，指揉足太阳经筋、足阳明经筋、足少阴经筋、足厥阴经筋在膝关节循行部位，每条经筋反复操作1分钟。

4. 解析 利用㨰法施术于大腿后侧、腘窝及小腿后侧，可活跃局部的血液循环，消散瘀结，促进关节组织代谢，有利于损伤组织修复。辅以拿委中、承山穴，配合基本治法中的揉法和拨法，可进一步松解膝关节周围韧带、肌肉，从而疏筋活络、通利关节；最后指揉膝关节周围循行经筋，发挥经筋“主束骨，利关节”的作用，以改善局部关节的活动功能。

（三）滑利关节

1. 操作部位 膝部。

2. 操作手法 摇法、屈伸、拔伸法。

3. 操作步骤 患者取仰卧位，屈髋屈膝，医师站于一侧，一手扶按患膝髌骨，另一手握持小腿远端，做屈膝摇法，配合膝关节的屈伸、旋转等被动活动5～10次。然后利用膝关节拔伸法，间断拔伸1分钟。

4. 解析 通过摇法联合屈伸手法，促进粘连组织的剥离，改善局部循环，最后利用拔伸法共奏“以松致通，通则不痛”之功，从而改善“筋骨乖纵，挛缩不舒”的状态，同时起到滑利关节的作用。

第二节 半月板损伤

膝关节半月板损伤是指因外伤导致半月板的损伤，引起膝关节肿胀、疼痛、关节交锁等临床症状的一种病症。本病多发生于运动过程中，以青壮年人多见。

一、病因病理

在下肢负重，足部固定，膝关节略屈时，突然过度内旋、伸膝，或外旋伸膝，半月板卡于股骨髁与胫骨平台之间被挤压，导致内侧半月板或外侧半月板撕裂。严重者，可造成半月板、“十”字韧带和侧副韧带同时损伤。

由于半月板缺乏血供，只在边缘有少量血供，因此除边缘撕裂外很难修复。破裂的半月板不但失去了稳定膝关节的作用，而且影响膝关节运动功能，甚至造成关节交锁。临床报道半月板损伤以外侧撕裂最为多见，撕裂类型有纵行撕裂、横行撕裂、水平撕裂、边缘撕裂。其中纵行撕裂、边缘撕裂是发生交锁的主要原因，而横行撕裂多位于半月板中央部，不易发生交锁。同时破裂的半月板与股骨髁、胫骨髁之间长期磨损，是导致创伤性关节炎的主要原因。

二、临床表现

（一）膝关节疼痛

扭伤时自觉关节内有撕裂感，剧烈疼痛，急性期可伴局部肿胀。

（二）活动受限

受伤后可见明显膝关节活动受限，跛行。

（三）关节弹响

损伤时可出现清脆的关节弹响音，转为慢性期后则膝关节伸屈时也可有弹响音。

（四）关节交锁

患者走路时常出现膝关节突然被卡住，既不能伸直又不能屈曲并伴有疼痛感，如将膝关节稍微伸屈，有时可发生弹响音，交锁自解。

三、诊断要点

（一）病史

本病多有典型膝关节扭伤史。

（二）症状体征

（1）急性期疼痛肿胀明显，常见于膝关节内、外侧间隙；转为慢性期后则膝关节伸屈时有弹响音和交锁现象。

（2）压痛多局限于损伤半月板相应的膝关节内、外侧间隙。

（3）麦氏征阳性，半月板研磨试验阳性。

（三）实验室检查

（1）X 线检查：膝部平片不能显示半月板损伤，但可以排除膝关节的骨性病变或其他疾患。MRI 检查可以确定半月板损伤的部位。

（2）膝关节镜检查对关节内结构可提供直观的观察。一般外侧半月板的观察较为满意，内侧半月板后角损伤观察不满意。

（四）经筋辨识

本书将经筋循行路线与神经卡压所造成的反射区相结合，或根据神经卡压后反射区结合患者自身症状，可选择足少阳经筋、足少阴经筋、足厥阴经筋等。

四、鉴别诊断

（一）膝关节侧副韧带损伤

膝关节侧副韧带损伤表现为韧带损伤部位有固定压痛，常在韧带的上下附着点或中部。膝关节呈半屈曲位，活动关节受限。侧方挤压试验阳性。

（二）髌下脂肪垫损伤

髌下脂肪垫损伤有外伤、劳损或膝部受凉病史。膝关节疼痛，下楼梯为甚，膝过伸位疼痛加重，髌下脂肪垫压痛明显，膝过伸试验阳性，髌腱松弛压痛试验阳性。X 线膝侧位片可见脂肪垫支架的纹理增粗，少数可见脂肪垫钙化阴影。

五、治疗方法

（一）活血止痛

1. 操作部位 在基本治法基础上，增加膝眼、血海、阴陵泉、阳陵泉、腘窝。

2. 操作手法 在基本治法基础上，增加一指禅推法。

3. 操作步骤 穴位处方增加膝眼、血海、阴陵泉、阳陵泉；半月板前角损伤时患者取仰卧位，患膝屈曲，腘窝部垫枕，医者在损伤侧膝眼处用一指禅推法治疗；半月板后角损伤时患者取俯卧位，患膝屈曲。医者在损伤侧腘窝部用一指禅推法治疗，时间约 5 分钟。

4. 解析 处方穴位增加膝眼、血海、阴陵泉、阳陵泉，可增强行气活血止痛之效；一指禅推法接触面小，刚柔相济，作用于膝关节周围局部组织，可充分发挥活血通络止痛之效。

（二）疏经通络

1. 操作部位 在基本治法基础上，增加肾俞、肝俞、大肠俞、腰阳关、委中。

2. 操作手法 在基本治法基础上，增加按法、拨法。

3. 操作步骤 患者取合适体位，医者根据患者临床症状，指揉足少阳经筋、足少阴经筋、足厥阴经筋，每条经筋反复操作 1 分钟；然后让患者取俯卧位，医者站于一侧，以按法分别作用于双侧肾俞、肝俞、大肠俞、腰阳关，每穴操作 1 分钟；然后利用拨法施术于双侧委中，每穴操作半分钟。

4. 解析 在基本治法基础上，增加按压肾俞、肝俞、大肠俞、腰阳关，可激发肾经之气，促进肾脏气血运行，配合大肠俞和腰阳关可祛寒除湿、舒筋活络。拨法施术于委中，可起到舒筋通络、散瘀活血之效，增加止痛作用。

（三）滑利关节

1. 操作部位 膝部。

2. 操作手法 摇、拔伸法。

3. 操作步骤 患者取仰卧位，医生站于一侧，摇膝关节 5～10 次，再拔伸膝关节，持续半分钟。

4. 解析 通过摇法，促进膝关节局部粘连组织剥离，改善局部循环，配合膝关节拔伸，可增宽膝关节间歇，起到滑利关节的作用。

第三节　膝关节创伤性滑膜炎

膝关节创伤性滑膜炎是指膝关节遭受撞击、扭挫等外伤，导致关节囊滑膜层损伤，发生充血、渗出，关节腔内大量积液、积血等病理表现，临床以关节肿胀、疼痛、运动困难为主要特征的一种病症。

一、病因病理

由于暴力打击、跌仆损伤、过度劳损、关节内游离体、关节附近骨或外科手术等因素，使关节囊滑膜层受损，出现充血、渗出等改变。关节腔内逐渐积聚大量液体，其中含有纤维素、血浆、白细胞等。关节内压力增高，影响淋巴系统循环，进而引起疼痛、肿胀、功能受限，积液如不能及时吸收，或反复多次损伤，病程迁延，则转为慢性滑膜炎。

当滑膜受到外伤后，其分泌失调使滑膜腔积液，而滑膜在长期炎症的刺激下逐渐肥厚，纤维素沉着、机化，导致关节粘连、运动受限。久之可继发创伤性关节炎、股四头肌萎缩，严重影响膝关节的功能。

二、临床表现

（一）关节肿胀

本病多表现为弥漫性肿胀，且逐渐加重。急性创伤可为关节血肿，伤后即时或之后 1～2 小时内发生，膝及小腿部可见广泛的瘀血斑。

（二）关节疼痛

伤后即可出现疼痛，并逐渐加重，活动后疼痛加剧，尤其下蹲时疼痛明显。

（三）活动受限

伤后出现膝关节活动受限及跛行，尤其下蹲困难。通常在伤后 6～8 小时出现滑膜反应性积液，膝关节明显肿胀、发热，屈伸活动受限。

三、诊断要点

（一）病史

本病有膝关节急或慢性损伤史。

（二）症状体征

（1）伤后膝关节疼痛、肿胀、活动困难。膝关节压痛广泛，可见局部皮温增高，膝关节过伸、过屈活动不能完成。

（2）抗阻力伸膝疼痛尤甚，浮髌试验阳性。

（3）膝关节穿刺可抽出淡黄色或淡红色液体，积液细菌培养阴性。

（三）实验室检查

X 线检查：骨质可无异常发现，或有关节内游离体，骨关节边缘有骨刺。

四、鉴别诊断

（一）半月板损伤

半月板损伤多有外伤史，伤后关节疼痛、肿胀，有弹响音和交锁现象，膝内外间隙压痛。慢性期股四头肌萎缩，以股四头肌内侧尤其明显。麦氏征和研磨试验阳性。

（二）膝关节骨性关节炎

膝关节骨性关节炎发病缓慢，膝关节疼痛，用力时疼痛明显，关节间隙有深压痛，甚则跛行，关节活动时可有弹响音、摩擦音，X 线片可见关节间隙变窄，关节边缘骨赘形成、胫骨髁间嵴变尖，髌股关节间隙变窄，髌骨边缘骨质增生。

五、治疗方法

（一）活血止痛

1. 操作部位 在基本治法基础上，增加髀关、伏兔、委中、双膝眼、阳陵泉、三阴交。

2. 操作手法 按法。

3. 操作步骤 同基本治法操作，穴位处方增加髀关、伏兔、委中、双膝眼、阳陵泉、三阴交。

4. 解析 穴位处方增加膝关节周围和下肢部的穴位，配合基本处方，可增强膝关节局部和下肢的气血运行，加快组织代谢，进一步缓解疼痛。

（二）疏经通络

1. 操作部位 在基本治法基础上，增加大腿、小腿的内侧、外侧。

2. 操作手法 在基本治法基础上，增加㨰法、搓法、推法。

3. 操作步骤 在基本治法基础上，患者取合适体位，根据其临床症状，指揉足少阳经筋、足少阴经筋、足厥阴经筋，每条经筋反复操作 1 分钟；然后患者取俯卧位，医者以㨰法沿大腿、小腿内外及后侧，从下向上每侧反复操作 3 分钟；令患者取仰卧位，医者双手从髌骨上缘向大腿根部缓慢推，力度由轻逐渐加重，每侧反复推 3 分钟；最后用搓法施术于患侧膝关节两侧，操作 1 分钟。

4. 解析 本病治疗的关键是减少渗出，促进吸收，以指揉经筋和㨰法，活跃膝关节局部的血液循环，消散瘀结，促进关节组织代谢，有利于损伤组织修复。双手从髌骨上缘往大腿根部缓慢推按，可加快静脉、淋巴的回流，降低组织间的压力，消除神经末梢的刺激而缓解疼痛，有利于水肿、血肿的吸收；最后配合搓法共奏活血化瘀，消肿止痛之功。

（三）滑利关节

1. 操作部位 膝部。

2. 操作手法 摇法、屈伸法。

3. 操作步骤 患者取仰卧位，医者站于一侧，将患肢髋、膝关节各屈曲 90°，医者一手扶腘部，另一手握踝上，在轻微的牵引状态下做膝关节摇法 6～7 次；再将膝关节充分屈曲，然后其伸直，反复 5 次，动作要求轻柔缓和。

4. 解析 通过摇法联合屈伸手法，促进粘连组织剥离，改善局部循环，恢复膝关节的活动功能。

思考题

1. 试述半月板损伤的发病机制。
2. 简述膝关节骨性关节炎与创伤性滑膜炎的鉴别诊断。

第十二章

踝 痹 痛

学习目的

熟悉踝痹痛的临床表现和治疗原则，掌握踝痹痛的基本治法；熟悉踝关节损伤、跟痛症（筋膜炎）的临床表现、诊断要点、鉴别诊断，掌握不同疾病的经筋辨识及治疗方案。

踝痹痛是因外伤致踝关节局部气滞血瘀引起局部经络不通，气血互阻，瘀阻脉络，引起疼痛肿胀。临床上以踝部疼痛、肿胀、关节活动受限为主症。因骨折、脱位、韧带断裂、肿瘤、痛风、跟骨骨髓炎、跟骨结核等疾病所引发的踝痛，不在此范围。

一、中医临床表现

主要症状：踝部疼痛，活动受限，可伴有肿胀。根据中医辨证分型，可将本病分为气血瘀滞证、寒湿闭阻证、风湿热痹证、肝肾亏虚证。

1. 气血瘀滞证 外伤致病，关节筋骨受损，痛处固定，关节肿胀变形、屈伸不利，或有硬结，瘀斑。舌质紫暗，苔白，脉弦涩。

2. 寒湿闭阻证 肢体关节疼痛，重着，疼痛较剧，肿胀散漫，遇寒加重，关节屈伸不利。舌质淡，苔白腻，脉弦紧。

3. 风湿热痹证 关节游走性疼痛，活动不利，局部灼热疼痛，痛不可触，得冷则舒，可有皮下硬结或红斑。舌质红，苔黄腻，脉滑数或浮数。

4. 肝肾亏虚证 日久不愈，踝关节隐隐作痛，关节屈伸不利，腰膝酸软，或畏寒肢冷，遇劳更甚。舌质淡红，苔薄白，脉沉细弱。

二、治 疗 原 则

本病基本治疗原则为“消肿止痛”，然后根据不同疾病的自身特点，增加“滑利关节”或“理筋整复”等治法。

三、基 本 治 法

消肿止痛

1. 操作部位 太溪、解溪、足三里、风市、冲门、踝关节周围组织。

2. 操作手法 按法、揉法、擦法。

3. 操作步骤 患者取仰卧位，医者站于患侧，利用按法施术于太溪、解溪、足三里、风市、冲门穴，每穴操作 1 分钟，以酸胀为宜，其中冲门穴按压后要徐徐将手放松，使患者下肢有热流下行之感为宜；然后利用揉法广泛作用于踝关节周围软组织，操作 2 分钟；最后利用双手擦法作用于踝关节两侧，以深度透热为度。

4. 解析 急性期患者踝关节局部肿胀、疼痛较剧，活动受限。因此，本阶段治疗以按穴为主，通过穴位按压，促进下肢气血运行，改善疼痛症状。配合揉法、擦法可增强活血化瘀、行气消肿之功。正如《黄帝内经》曰：“凡跌仆闪挫，或恼怒气滞，血凝作痛，宜活血顺气。”

第一节 踝关节损伤

踝关节损伤是指在运动过程中发生的损伤，损伤发生的原因与运动强度、场地器材等原因有关，有时也带有明显的运动技术动作特征。踝关节损伤后会出现踝关节疼痛、肿胀、青紫、活动受限等症状，需要及时有效处理及治疗，否则会因韧带拉伤致使关节松动，经日常活动后损伤软骨，使得病情容易反复，影响预后效果。

一、病因病理

（一）踝关节内翻型损伤

身体下落时，足部内翻，脚外侧缘着地，或脚部固定，内踝受外力冲击，可发生踝关节内翻型损伤。

（二）踝关节外翻型损伤

身体下落时，足部外翻，脚内缘着地，或脚固定，外踝受外力冲击，可发生外翻型损伤。

（三）踝关节纵压型损伤

身体呈直立状下落，全脚掌着地，身体的重力与反作用力在踝关节处相交，可发生踝关节纵压损伤。如跳伞、体操落地下法失误，动作不对等。

二、临床表现

本病表现为损伤后疼痛。外踝损伤疼痛常在外踝前下方，内踝损伤疼痛常在内踝下方；行走跛行或不能行走；损伤部位瘀肿明显，轻者局部肿胀，重者当即出现皮下瘀肿。伤后 2～3 日皮下瘀血青紫更为明显，重者可波及整个踝关节。

三、诊断要点

（一）病史

本病有直接或者间接暴力外伤史。

（二）症状体征

（1）踝部肿胀、疼痛、功能障碍。

（2）踝部皮下瘀斑、肿胀或畸形，压痛，踝关节被动内翻或外翻活动时疼痛。

（3）主要检查有无合并踝关节骨折和脱位。

（三）经筋辨识

本书将经筋循行路线与患者自身症状相结合，可选择足太阳经筋、足少阳经筋、足太阴经筋、足少阴经筋、足厥阴经筋等。

四、鉴别诊断

本病需与踝关节骨折或脱位相鉴别。后者一般有明显的外伤史，关节肿胀，影像学检查可以鉴别。

五、治疗方法

操作视频请扫码

踝关节损伤急性期慎用推拿手法。建议 24 小时后再用推拿手法对踝关节进行治疗，手法宜轻。可参照“RICE”原则：rest——休息：避免活动；ice——冷敷：在皮肤上垫毛巾，用冰块或冰水冷敷，使局部血管收缩，可以减轻出血肿胀，也可减轻疼痛；compression——固定：使用各种弹力绷带、胶布、软夹板、支具固定，以减轻肿胀疼痛，固定以舒适为准，不可导致血运障碍；elevation——抬高患肢：减轻肢体水肿。待踝关节损伤进入缓解期后方可采用推拿治疗。

（一）消肿止痛

1. 操作部位 在基本治法基础上，增加中封、丘墟、商丘、内庭、申脉、照海及足厥阴经筋（踝关节周围）。

2. 操作手法 在基本治法基础上，增加指揉。

3. 操作步骤 同基本治法操作，穴位处方增加中封、丘墟、商丘、内庭、申脉、照海；然后利用指揉法，作用于踝关节周围的足厥阴经筋循行区域，自下而上反复操作 2 分钟。

4. 解析 处方新增的穴位多为足三阳经、足太阴脾经和足少阴肾经的腧穴，具有温经散寒、疏经通络、强筋健骨、消肿止痛等功效。诸穴合用，有活血止痛、消肿祛瘀之功。《灵枢·经筋》云：“足厥阴之筋，起于大指之上，上结于内踝之前，上循胫……其病足大指支内踝之前痛，内辅痛，阴股痛转筋。”《素问·痿论》说：“肝主身之筋膜。”筋膜有赖于肝血的充分滋养，有赖于肝血的濡养。指揉足厥阴经筋，可疏肝经，活肝血，养肝筋。配合基本治法，共奏活血化瘀、消肿止痛之功。

（二）滑利关节

1. 操作部位 足踝部及足跟部。

2. 操作手法 拔伸法。

3. 操作步骤 左手握住患者足跟，右手拇指在下，其余四指相对握住足背趾处，从外上方向内下方做轻度旋转手法，然后再做相反方向旋转，反复3～5遍；再沿患者小腿纵轴方向做相对均衡的拔伸、牵引，力量由轻到重，牵引2～3分钟。

4. 解析 拔伸法操作可松解损伤关节周围痉挛的肌肉、韧带等软组织，使踝关节间隙增加，恢复骨关节的正常生理位置，并使挛缩、扭转的筋回归其位，收纳回槽，恢复正常的生理功能，从而达到松解粘连，改善局部血运，促进损伤组织修复和缓解疼痛的治疗目的。

第二节　跟痛症（筋膜炎）

跟痛症是由一系列疾病导致的跟骨结节周围的慢性疼痛，多与足跟部的慢性劳损和退变有密切关系。本病好发于中老年人，尤其是运动员及肥胖者，男性多于女性，男女之比为2∶1，可一侧或两侧同时发病。本病包括现代医学的跟骨骨刺、跟骨结节滑囊炎、跟骨结节纤维脂肪垫炎等。足跖筋膜炎是其主要发病因素之一。

一、病因病理

（一）内因

跟骨结节外侧是趾展小肌、趾短屈肌的起点，结节内侧是屈趾短肌、跖筋膜的起点。跖筋膜长期受到过度牵拉，可在止点内侧形成一约1.0cm×1.0cm的滑囊，滑囊炎症产生疼痛。另外，跟骨骨赘也可压迫内跖、外跖神经分支，慢性刺激导致跖筋膜炎，造成顽固性跟痛。

（二）外因

跖腱膜是生物力学负荷比较大的组织结构。正常步态行走，跖筋膜受到2种牵伸力量，使之异常紧张。外伤后，跖筋膜被牵伸，跖筋膜附着点承受较大力量，造成疼痛；肥胖或劳损下，长期积累性持续牵拉，容易产生无菌性慢性炎症损伤，轻微撕裂，致滑囊炎或纤维组织炎，造成疼痛。

二、临床表现

跟骨结节前缘内侧部有明显压痛点，典型症状为行走之前局部疼痛，行走困难。坚持短距离行走数分钟后疼痛缓解，长距离行走后疼痛加重。

三、诊断要点

（一）病史

患者多为40岁以上的中老年人，男性较多，体型多比较肥胖，多无明显外伤史等。

（二）症状体征

（1）足跟初着力时（如晨起或由坐位站起），诱发或加重疼痛，稍事活动则疼痛有所减轻，若继续行走或站立较久可使疼痛再度加重。

（2）在足跟部可触及明显的压痛点，多局限于跟骨负重区偏内侧或跟骨大结节处。病程较长的患者还能摸到跟下脂肪纤维变性而形成的条索状结块等。

（三）实验室检查

X 线检查可见一侧或双侧跟骨骨刺，有些患者跟骨中心显示不同程度的骨小梁紊乱或模糊不清。

（四）经筋辨识

本书将经筋循行路线与患者自身症状相结合，可选择足太阳经筋、足少阳经筋、足太阴经筋、足少阴经筋、足厥阴经筋等。

四、鉴别诊断

本病需与踝关节骨折或脱位相鉴别，后者一般有明显的外伤史，关节肿胀，影像学检查可以鉴别。

五、治疗方法

（一）消肿止痛

1. 操作部位 在基本治法基础上，增加昆仑、申脉、悬钟、阿是穴，以及足少阴经筋、足太阳经筋循行部位（踝关节周围）。

2. 操作手法 在基本治法基础上，增加指揉。

3. 操作步骤 在基本治法基础上，穴位处方增加昆仑、申脉、悬钟、阿是穴；然后利用指揉法施术于足少阴经筋所过之处（涌泉至筑宾），足太阳经筋所过之处（至阴至飞扬），治疗过程中经过经筋所属穴位稍停顿，并加大指揉力量，每条经筋操作 2 分钟。

4. 解析 足少阴与足太阳两经一内一外、一表一里、一阴一阳，通过对经筋的干预，可协同调控两条经脉气血运行和沟通之功效；推拿对应之昆仑、申脉穴可滋阴益肾。昆仑、申脉位于足跟部，属于足太阳经，与肾相表里，能舒筋通脉、行气血、通络止痛。悬钟为八会穴之髓会，既可补髓壮骨，又能通经活络。

（二）理筋松解

1. 操作部位 足踝部及足跟部。

2. 操作手法 拔伸法。

3. 操作步骤 术者立于床尾，以两手四指重叠放于跟腱的背侧，两拇指放于踝关节前侧，呈环抱状紧握踝关节牵引 2～3 分钟，然后将足内翻，再外翻。在此基础上，顺逆方向旋转 3～5 次。

4. 解析 牵引法可以使踝部周围肌肉、筋膜得到正确力量与方向的放松，纠正筋膜与肌肉的过伸运动，使长期过度牵拉的软组织重新修复，恢复正常生理功能，也可促进水肿的吸收和炎症的消退。

思 考 题

1. 试述踝关节损伤的“RICE”原则。
2. 简述踝关节损伤和跟痛症治疗思路的异同。

下篇

拓展篇

第十三章

传统外治疗法

学习目的

了解敷贴、熏蒸、湿热敷、拔罐、膏摩等传统外治法的概念、历史起源、操作方法、适应证、禁忌证、常用处方及注意事项。

第一节 敷 贴

穴位贴敷疗法，简称“贴敷”“敷灸”“敷药”“贴药”等。它是在针灸学基础上应用中药作用于腧穴，通过经络对机体的调整作用，达到预防和治疗疾病目的的一种疗法（图 26）。

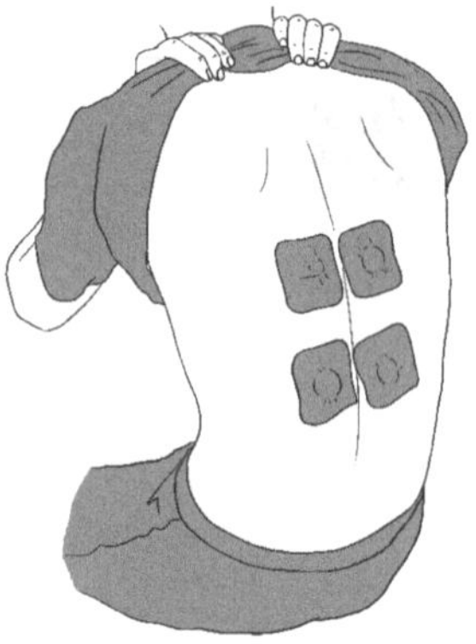

图 26 贴法

穴位贴敷疗法历史久远，早在《黄帝内经》成书以前，马王堆汉墓出土的《五十二病方》就载有“蚖……以蓟印其巅”，即将白芥子捣烂后外敷头顶正中（百会穴），使局部皮肤发泡，治疗毒蛇咬伤，此为最早的外治法记载。《黄帝内经》中也有大量记载。清宫御医吴谦在《医宗金鉴》中说：“阴阳熨脐葱白麝，冷热互熨尿自行”，是将葱白捣烂，加入麝香少许，敷脐，并以冷热刺激，治癃闭、小便点滴难出之症。清代同治九年，钱塘人吴师机所著的《理瀹骈文》，是以膏药贴敷治疗诸病症的专书，特别强调了膏药可以治内症，指出“膏药能治病，无殊汤药，用之得法，其响立应”。中华人民共和国成立以来，贴敷疗法无论是在理论研究还是在临床应用方面都得到了较全面的发展，如《穴敷疗法聚方镜》《中国灸法集粹》《中国膏药学》《中华脐疗大成》等专著较系统地整理和阐述了穴位贴敷疗法的理论和临床应用范围，使这一疗法得以进一步完善和提高。贴敷疗法正是在中医整体观念的指导下，通过特定部位药物吸收的直接作用和穴位刺激激发经气的间接作用来达到治疗目的。

一、操作方法

贴敷疗法是以中医经络学说为理论依据，把药物研成细末，用水、醋、酒、姜汁等调成糊状，或将中药汤剂熬成膏，或将药末散于膏药上，再直接贴敷穴位、患处（阿是穴），治疗疾病。贴敷前，先用温开水将局部洗净擦干，或用 75%酒精棉球将局部擦净。

二、适　应　证

1. 骨关节疾病　风湿性关节炎引起的关节疼痛，颈肩腰腿痛，四肢寒凉怕冷，免疫力低下等。

2. 呼吸系统疾病　慢性支气管炎、哮喘、鼻炎、咽炎、扁桃体炎、腺样体肥大、体虚容易感冒。

3. 消化系统疾病　慢性胃炎、胃溃疡、胃肠功能紊乱、慢性腹泻等。

4. 妇科疾病　痛经、产后头痛、产后风等寒症。

三、禁　忌　证

贴敷部位有皮肤创伤、皮肤溃疡、皮肤感染者；对敷贴药物或敷料成分过敏者；瘢痕体质者；咳黄浓痰、咯血患者；医生认为不宜使用的患者禁用本法。

孕妇与艾滋病、结核病或其他传染病患者；糖尿病、血液病、恶性高血压、严重心脑血管病、严重肝肾功能障碍、支气管扩张、恶性肿瘤患者；病情急性发作期或加重期间禁用本法。2岁以下婴幼儿，因无法确知孩子反应，使用时必须密切观察婴幼儿的哭闹情况以判断药物对皮肤的刺激性等。

四、常用处方

1. 处方一（出自《中国贴敷治疗学》）

药物：红花、桃仁、制川乌、制草乌、生半夏、羌活、全当归、独活、制南星、白芥子、冰片、松香、樟脑。

功效：行气活血，祛风止痛。

主治：可用于风寒湿证或气滞血瘀证的项痹痛。

操作：将上药共研细末过筛，用酒适量调匀备用。敷风池、天柱、大椎、曲池、肾俞、合谷。上述穴位每日1次，连敷10～30次。

2. 处方二（出自《中国贴敷治疗学》）

药物：肉桂、川乌、乳香、蜀椒、樟脑。

功效：祛寒除湿，温阳止痛。

主治：寒湿型腰痹痛，尤以冷痛、遇阴雨天气加重者效果显著。

操作：将上药研末，用适量白酒炒热，贴敷肾俞（双）、命门、次髎（双），用玻璃纸和胶布固定，2日换1次。

3. 处方三（出自《中国贴敷治疗学》）

药物：麝香、生川乌、生草乌、生马钱子、独活、秦艽、乳香、没药各等份，冰片适量。

功效：行气活血，祛风止痛。

主治：项痹痛、腰痹痛、膝痹痛。

操作：上药碾成细末，于瓷杯中加水煎熬成糊状，然后下冰片搅匀，待冷却后加入适量醋调匀，装入有盖容器中备用。取穴：颈肩痛取局部阿是穴为主，配以远端曲池、外关等穴；腰腿痛亦取阿是穴为主，配以风市、委中、阳陵泉等穴。先于所取诸穴，以推、擦、揉、按及捏、搓、抖、点、拍打等法，进行反复按摩。每次操作 15～25 分钟，隔日或每日 1 次，12 次为 1 个疗程。每次按摩后，取上药做成蚕豆大小的药丸，放入所选穴位上（每次不超过 4 个穴位），用风湿止痛膏或胶布将药丸贴牢。一般贴 20 小时左右取下（对胶布或药丸过敏者应缩短贴药时间或终止治疗）。

五、注意事项

（一）贴敷时间

体质敏感者或曾出现起疱等反应者，应缩短贴药时间，有不适感觉及时取下药膏。如无特别不适，可适当延长贴敷时间，但睡前一定要揭掉。儿童每次不超过 2 小时。

（二）贴敷后的皮肤反应与处理

取下药物，用清水冲洗局部，切不要搓、抓、挠，也不要用洗浴用品及其他止痒药品，防止对局部皮肤的进一步刺激。贴敷部位如果出现小的水疱，一般不必特殊处理，待其自然吸收即可。大的水疱应以消毒针具挑破其底部，排尽液体，消毒以防感染。破溃的水疱应在消毒处理后，外用无菌纱布包扎，以防感染。贴敷药物期间，应减少运动、避免出汗，尽量避免电扇、空调直吹；衣物宜选宽大柔软、透气的全棉类，注意防止药膏污损衣物；敷贴取下后可以洗澡，但不要搓背，淋浴后用毛巾轻轻地吸干穴位上的水。

（三）贴敷期间饮食宜忌

不要吃过于冰冷的食物，一般的水果，如西瓜、桃等是可以食用的；不要吃容易过敏的食物，尤其是哮喘患者，但每个患者过敏食物也不尽相同，一概禁食也是不科学的，如鱼、虾、肉，只要平时不过敏，贴敷期间也不需要禁食；辛辣食物不宜多吃。

第二节　熏　　蒸

熏蒸又称“汽浴疗法”，是利用药物加水煮沸后所产生的药蒸汽熏蒸患处，以治疗疾病的一种方法。全身熏蒸法是利用药物的蒸汽对全身进行的一种汽雾沐浴法，适用于全身性的疾病或用于保健；局部熏蒸法是利用药物的蒸汽对患病的某一部位进行熏蒸，促使局部症状缓解，功能康复，适用于局部损伤性疾病或某一特定部位的病症。

马王堆汉墓出土的《五十二病方》已载有用韭和酒煮沸，以其热气熏蒸，治疗伤科疾病。《黄帝内经》记录了用椒、姜、桂和酒煮熏治疗关节肿胀、疼痛、伸屈不利等痹证。在《伤科补要》中则更为详细地记载了熏蒸疗法的具体操作方法，“凡宿伤在皮里膜外，虽服行药不能除根，服瓜皮散，次用落得打草、陈小麦、艾叶三味，用河水共煎一锅滚透，入小口缸内，横板一块，患人坐在板上，再将单被盖身，其汗立至，不可闪开，恐汗即止，病根不清也”，说明陈伤者用熏蒸的方法可以起到疏通气血、活血化瘀、祛风寒湿邪之功效。

一、操作方法

全身熏蒸法应配备熏蒸室，内置熏蒸器，使药物的气雾能充满熏蒸室，但要注意通风，以调节室内的空气和温度。局部熏蒸法的要求较为简单，可取盆一只或恒温加热器，放入适量的药物和清水，然后加热至一定温度，患部置盆上的栅格上，使蒸汽直接与患侧机体相接触。亦可制成专用的熏蒸床，局部床板可卸除，其下为配有恒温加热器的药盆，盆内添置水和药物后，调节加热器至适宜的温度。患者卧于床上，暴露患部，卸除床板，盖被熏蒸适当时间。

二、适　应　证

熏蒸疗法是通过热、药的双重作用而起效。热能疏松腠理，开放汗孔，活血通经，松弛痉挛的肌筋；药能对症治疗，疗病除疾，两者配合而用，则事半功倍。本疗法应用范围较广，尤以骨伤科疾病为多。

1. 颈项部疾病　常见的有落枕、颈部软组织扭伤、颈椎病、颈椎小关节紊乱等。

2. 肩部疾病　常见的有肩关节周围炎、肩峰下滑囊炎、肩袖损伤、肱二头肌长头肌腱鞘炎等。

3. 腰部疾病　常见的有急性腰肌扭伤、慢性腰肌劳损、腰椎椎管狭窄症、腰椎间盘突出症、腰椎骨性关节炎、退行性腰椎滑脱等。

4. 上肢外伤疾病　如上肢的伤筋、脱位或骨折后期等。

5. 下肢外伤疾病　如下肢的各种骨折或伤筋、脱位的后期。

6. 关节疾病　常见的有骨性关节炎、风湿性关节炎、类风湿关节炎。

三、禁　忌　证

重症高血压、心脏病、急性脑血管意外、急慢性心功能不全者、重度贫血、动脉硬化症等；饭前饭后半小时内、饥饿、过度疲劳；妇女妊娠及月经期；急性传染病；有开放性创口、感染性病灶、年龄过大或体质特别虚弱的人；对药物过敏者禁用本法。

四、常用处方

1. 海桐皮汤（出自《医宗金鉴》）

药物：海桐皮、透骨草、乳香、没药、当归、川椒、川芎、红花、威灵仙、防风、白芷。

功效：活血化瘀，舒筋止痛。

主治：各类伤科疾病的疼痛。

2. 定痛散（出自《伤科汇纂》）

药物：当归、川芎、白芍、升麻、防风、官桂、山柰、紫丁香根、红花、麝香。

功效：调气和血，缓急止痛。

主治：各类伤科疾病的疼痛。

3. 五加皮汤（出自《医宗金鉴》）

药物：当归、没药、五加皮、皮硝、青皮、川椒、香附子、丁香、麝香、老葱、地骨皮、牡丹皮。

功效：舒筋和血，定痛消瘀。

主治：各类伤科疾患疼痛。

五、注意事项

若发生头晕等不适，应当停止熏蒸，卧床休息；冬季熏蒸后走出室外应注意保暖；治疗时间不宜超过半小时；老人和儿童应有专人陪护。

中药熏蒸疗程：每次 30 分钟，每日 1 次，10 次为 1 个疗程，完成 1 个疗程休息 3 日再进行第二个疗程。

第三节　湿　热　敷

湿热敷是将发热的物体置于身体的患病部位或身体的某一特定位置上（如穴位），使局部的毛细血管扩张、血液循环加速、局部肌肉松弛，起到消炎、消肿、驱寒湿、减轻疼痛、消除疲劳作用的一种治疗方法。

现存古籍中记载热敷疗法正式地作为一种治疗方法，可追溯到春秋战国时期，当时的著名医家秦越人在虢国运用热敷疗法，配合针灸使虢国太子“起死回生”。

一、操作方法

（一）药液热敷法

取已配好的中药放入药锅内，加入适量的水，煎煮 40 分钟左右，去渣存汁；取 2～4 块 $30cm^2$ 大小的纱布垫，浸泡在药液内；待布垫在药液内充分浸泡后，捞出，挤去多余的水，然后置于患病处；将布垫分为两部分，轮流持续热敷，一般每次 30～60 分钟，每日 1～2 次。

（二）水湿热敷法

用纱布或毛巾浸泡于热水中 5 分钟，患者取合适的体位，将毛巾或纱布捞出，拧去多余的水后敷于患处。一般根据病情确定热敷时间，但不宜过长。

（三）醋热敷法

取一铁锅，放入生盐 240g 左右，在火上炒爆后，即用陈醋（越陈越好）约半小碗，洒入盐内，边洒边搅动，务求搅拌均匀。醋洒完后，再略炒一下，迅速倒在事先准备好的布包内，包好后趁热放在患处。

（四）姜热敷法

先取生姜 500g 左右（不去皮），洗净后捣烂，挤出一些姜汁，倒在碗内备用。然后将姜渣放在锅内炒热，用 $900cm^2$ 布 1 块包好，在患者患处热敷。待姜渣包凉后，将姜渣重倒入锅里，加些姜汁，炒热后再敷，如此反复数次。

二、适应证

本法适用于颈、肩、肘、腕、腰、胯、膝、踝等处各种风寒湿型痹痛。

三、禁　忌　证

发热患者及患热证、皮肤过敏、皮肤发炎者，都不宜使用此疗法。

四、常 用 处 方

1. 海桐皮汤（出自《圣济总录》）

药物：海桐皮、透骨草、乳香、没药、当归、川椒、川芎、红花、威灵仙、白芷、甘草、防风。

功效：活血化瘀，舒筋止痛。

主治：因跌打损伤而引起的疼痛不止。

2. 散瘀和伤汤（出自《医宗金鉴》）

药物：番木鳖、红花、生半夏、骨碎补、甘草、葱须。用水煎滚后，再加入醋。

功效：活血祛瘀止痛。

主治：碰撞损伤，瘀血积聚。

3. 五加皮汤（出自《医宗金鉴》）

药物：当归、没药、五加皮、皮硝、青皮、川椒、香附子、丁香、麝香、老葱、地骨皮、牡丹皮。

功效：舒筋和血，定痛消瘀。

主治：各种伤后瘀血疼痛。

4. 八仙逍遥汤（出自《医宗金鉴》）

药物：防风、荆芥、川芎、甘草、当归、黄柏、苍术、牡丹皮、川椒、苦参。

功效：行气活血，消瘀止痛。

主治：因跌仆损伤而引起的体表肿硬疼痛，并治风湿疼痛、肢体酸痛等。

5. 推拿热敷方（自拟方）

药物：香樟木、豨莶草、桑枝、虎杖根。

功效：行气活血，消肿止痛。

主治：因扭挫伤引起的疼痛肿胀，并治肢体酸楚等。

五、注 意 事 项

（1）被热敷者必须精神状态正常；对于局部皮肤知觉迟钝者，对其进行热敷时，必须注意防止烫伤。

（2）被热敷的部位，主要是项背和四肢；胸胁迸伤者的胁部，也可加用热敷。

（3）被热敷的局部必须没有皮肤损害。

（4）在进行热敷的室内，需保持暖和无风。

（5）在热敷时，被热敷的局部应暴露，可在局部先用推拿手法治疗，然后再在此处加用湿热敷。既可以加强手法的治疗效果，又能减低因手法刺激不当而引起的不良反应。根据传统习惯，在热敷前可于局部先用擦法治疗。

（6）做热敷用的毛巾应折叠平整，若是新毛巾，在放于药液中浸湿而拧干后，应先将毛巾用手掌拍打一下，然后以此面敷贴于患者体表，这样不易烫伤皮肤，热量传递也均匀缓和。

（7）在对患者进行热敷的过程中，医者应自始至终观察患者，以防止发生烫伤和晕厥。

第四节 拔 罐

拔罐古称角法，最早是以牛角制作。它是利用燃烧的的方式，耗尽罐中的氧气，产生负压，使之吸附于皮肤，造成被拔部位的皮肤瘀血，而达到治疗疾病的目的。

马王堆汉墓出土的帛书《五十二病方》首次记载了拔罐法。晋代葛洪的《肘后备急方》中首提“角法”，用于治疗疮疡肿毒。唐代王焘在《外台秘要》中有具体描述。后经历代医家的发展，其适应证逐渐扩大，不仅局限于外科，清代吴师机的《理瀹骈文》中将其用于风疾和黄疸。清代赵学敏的《本草纲目拾遗》用本法治疗风寒、眩晕、风痹、腹痛等，并详细论述了工具制造、穴位、操作过程：“小纸烧渐焰，投入罐中，即将罐合于患处……罐得火气合于肉，即牢不可脱，需待其自落。患者但觉有一股暖气，从毛孔透入，少顷火力尽则自落。肉上起红晕，罐中有水气出，风寒尽出，不必服药”。罐子的种类有竹罐、陶罐、玻璃罐、抽气罐、铜罐、铁罐等，铜、铁等金属罐虽不易破碎，但容易烫伤患者皮肤，目前已很少应用。拔罐的方法有火罐法、水罐法、抽气罐（现在也有用橡胶罐）等。拔罐的形式有单罐、多罐、闪罐、留罐、推罐。拔罐法使皮肤腠理开泄，使体内病邪从毛孔吸出体外，并因其温热的作用，得以驱散寒邪，振奋阳气，从而达到扶正祛邪、调节脏腑、治疗疾病的目的。拔罐后遗留的罐斑可作为辨证分析的参考，如罐斑色紫深，提示瘀血内蕴；色泽黑紫，有触痛，表示热毒瘀结；罐斑微痒，或有皮纹为风邪侵袭；罐斑无皮色变化或色淡，多属虚寒证。放血拔罐后，血色红为热，血色青为寒。如罐斑显水肿、水气状或易起水疱，多提示湿邪较重。拔罐的适应范围非常广泛，可用于各种急慢性疼痛及神经麻痹、脏腑功能紊乱等多种疾病；放血拔罐是用针具刺破人体特定的穴位或部位，放出少量血液，再施以拔罐，以拔出更多血液的一种方法；背部放血拔罐可以调理脏腑，运用于局部则可以治疼痛、麻木等。

一、操作方法

拔罐的方法有很多，现阶段常用的有：①拔罐时用易燃、上尖下圆的块状物，浸蘸乙醇或油料少许，点燃，把火罐罩上即可吸住；②用脱脂棉一小块，略浸乙醇，紧贴于火罐内壁之中上段，点燃，罩在应拔的部位上；③投火法：将点燃的纸片或酒精棉球投入罐内，迅速把火罐罩在应拔的部位上（图 27）；④闪火法：用长纸条或镊子夹住酒精棉球点燃，在罐内闪绕一下迅速抽出，然后将火罐罩在应拔的部位上；⑤在罐内壁中段，滴乙醇 1～2 滴，倒翻火罐，使之匀布于火罐之中上段，然后点燃，罩在应拔的部位上；⑥拔橡胶罐，只需挤压罐内的空气后，即可吸拔在应拔的部位上；⑦将竹罐放在锅内加水煮沸，或在水中加若干味中药（如蕲艾、羌活、独活、防风、乳香、没药、千年健、伸筋草等）同煮，使用时将火罐颠倒用镊子夹出，甩去水液，当根据病变部位和病情性质，分别采用：①单

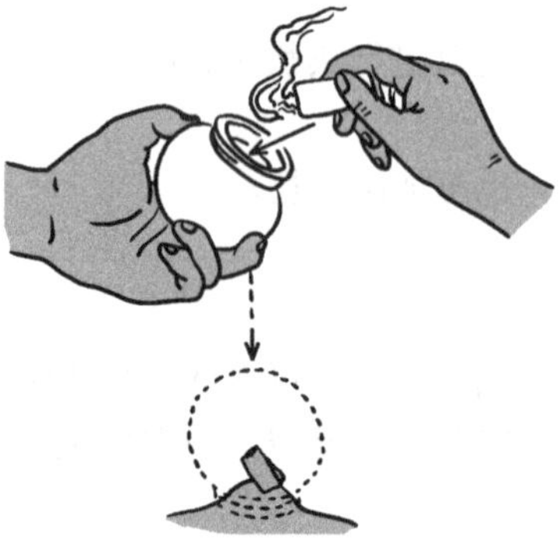

图 27　投火拔罐法

罐：适用于病情范围较小的部位或压痛点；②多罐：适用于病情范围比较广泛的病症；③闪罐：罐子拔上后，立即取下，再吸拔，反复多次，至局部皮肤潮红为止，适用于肌块比较松弛，吸拔不紧或留罐有困难者；④走罐：亦称推罐，火罐吸拔后，罐口不离皮肤，立刻左右上下推移，适用于病变部位较广，肌肉比较丰厚的部位；⑤刺络拔罐：局部点刺出血后，再拔火罐；⑥针罐：即针刺与拔罐法的结合，于留针期间，以针刺为中心再叩上火罐（图 28）。

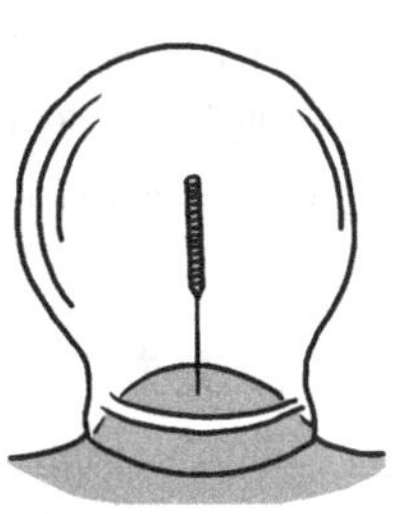

图 28　针罐

时间上，一般操作 5～15 分钟。如果肌肉丰厚，吸拔的力量稍差，可适当延长；反之，则应缩短。起罐（亦称去罐）时，一手持罐，向一侧倾斜；一手按压对侧罐口肌肤，使空气徐徐进入，火罐即可自行落下。切忌强力硬拔，以免损伤皮肤。拔罐时，必须体位适宜，所拔的部位要保持平坦，如凹凸不平，体位移动，火罐易脱落。根据不同部位，选用大小合适的火罐，如果应拔的部位有皱纹，或火罐稍大，不易吸拔时，可做一薄面饼，置于所拔的部位上，以增加局部面积，即可吸住。拔罐时的动作必须轻巧敏捷，防止点燃的棉球或乙醇掉落在皮肤上而发生烫伤。起罐后，如发现皮肤起水疱，一般无须处理，若水疱过大，可用消毒针从水疱之基底部刺破，放出疱内液体，涂以甲紫，以防感染。心脏、大血管及多毛部位，孕妇的腰骶部、腹部，应当慎用或不用拔罐法。

二、适　应　证

火罐法，一般多用于治疗风寒湿痹、腰背肩臂腿痛、关节痛、软组织扭挫伤等伤科疾病；对伤风感冒、头痛、咳嗽、哮喘、胃脘痛、腹痛、痛经、中风偏枯等内科疾病也有很好的疗效。

三、禁　忌　证

有出血倾向疾病者禁用拔罐，如血小板减少症、白血病、过敏性紫癜；新伤骨折、瘢痕、恶性肿瘤局部、静脉曲张、体表大血管处、局部皮肤弹性差者禁用拔罐；妇女月经期下腹部慎用拔罐，妊娠期下腹部、腰骶部、乳房处禁用拔罐；心、肾、肝严重疾病及高热抽搐者禁用拔罐；皮肤过敏、外伤、溃疡处禁用拔罐；五官部位、前后二阴部位不宜用拔罐；大出血、过饱、大汗、大渴、过饥、酒醉和过劳等禁用拔罐。

四、常用处方

（一）项痹痛

1. 处方一

取穴：天宗、肩贞、颈椎棘突主要痛点。

操作：患者取适当的体位，充分暴露颈肩及背部，局部常规消毒后，用三棱针在上述穴位上点刺至微量出血，之后用闪火法将大小合适的罐具吸拔于点刺处，去罐后注意缓慢活动头颈部 1～2 分钟。通常每次每穴留罐 5～10 分钟，3 日拔罐 1 次，5 次为 1 个疗程。

2. 处方二

取穴：大椎、风门、肩髃、颈夹脊。

操作：取羌活、当归各 50g，装入布袋中，封口后放入砂锅中，加入清水适量，煎取药汁，之后把合适口径的竹罐放在煮沸的药液中煎煮 2～3 分钟后，用镊子夹出甩净，擦干药液，迅速扣拔在局部常规消毒后的上述穴位上，5 分钟后取下；通常每周拔罐 2～3 次，7～10 次为 1 个疗程。

3. 处方三

取穴：风池、大杼、风门。

操作：取威灵仙 30g，当归 20g，川芎 40g，装入布袋中，封口后放入砂锅中，加入清水适量，煎取药汁，之后把合适口径的竹罐放在煮沸的药液中煎煮 2～3 分钟后，用镊子夹出甩净，擦干药液，迅速扣拔在局部常规消毒后的上述穴位上，5 分钟后取下；通常每周拔罐 2～3 次，7～10 次为 1 个疗程。

4. 处方四

取穴：大椎、颈夹脊。

操作：患者取适当的体位，充分暴露拔罐处皮肤，局部常规消毒后，用闪火法将大小合适的罐具吸拔于风门、肩井、大椎、颈夹脊穴上。通常每次每穴留罐 5～10 分钟，每周拔罐 2～3 次，5～7 次为 1 个疗程。

5. 处方五

取穴：风门、肩井、大椎、颈夹脊。

操作：患者取适当的体位，充分暴露拔罐处皮肤，局部常规消毒后，用闪火法将大小合适的罐具吸拔于风门、肩井、大椎、颈夹脊穴上。通常每次每穴留罐 5～10 分钟，每周拔罐 2～3 次，5～7 次为 1 个疗程。

（二）腰痹痛

1. 寒湿型

取穴：肾俞、腰阳关、阴陵泉、委中。

操作：采用针刺后拔罐法。先用毫针刺入，得气后留针 10 分钟，出针后，再进行拔罐，留罐 10 分钟，起罐后于腰部及沿着下肢疼痛部位加温和灸 20 分钟，以皮肤潮红、人体感觉舒适为度，每日 1 次，5 次为 1 个疗程。

2. 血瘀型

取穴：膈俞、肾俞、次髎、血海、委中。

操作：刺络拔罐法。委中穴采取三棱针点刺出血，出血量以 3～5ml 为宜，余 4 穴用梅花针轻叩刺，以皮肤微微发红为度，再进行拔罐，留罐 10 分钟，每日 1 次，5 次为 1 个疗程。

3. 肝肾亏虚型

取穴：肾俞、大肠俞、次髎、委中、承山。

操作：灸罐法。可隔附子片或艾条直接温和灸各穴 15 分钟，再进行拔罐，留罐 10 分钟，每日 1 次，5 次为1个疗程。

五、注意事项

（1）拔罐部位的皮肤要平坦，肌肉应比较丰满。

（2）如用棉棒或棉球蘸乙醇，所用乙醇不要过多，燃烧时注意不要将罐口烧热，以免烫伤局部皮肤。

（3）骨性突出部位、血管丰富部位、心尖搏动处、乳房等部位，一般不宜拔罐。

（4）拔罐可机械性地刺激皮肤，反射性地影响大脑皮质，通经活络。拔罐的种类有充血性火罐（罐吸引后达到皮肤潮红）、瘀血性火罐（罐吸引后达到皮下出血，皮肤呈紫点或紫斑）。感冒、头痛宜在太阳穴拔充血性火罐；支气管炎、哮喘可在背部肺俞穴拔瘀血性火罐。

（5）根据病情拔罐，一般为轮流取穴，一次不宜过多。局部瘀血尚未消退时，不应再于原部位重复拔罐。

（6）拔罐过程中，体位切勿移动，以免火罐脱落。

（7）拔罐时注意保温，防止受风着凉。

（8）防止灼伤或烫伤。局部如有烫伤时，可涂甲紫等药物。局部起水疱时，小者不需处理，消毒包扎即可；大者则应在消毒后用无菌空针吸出积液，保留疱膜，然后涂用清凉油，也可覆盖凡士林纱布及敷料后包扎，或用大黄、地榆、寒水石各等份，共研细面，用麻油调膏外敷。

第五节　膏　　摩

膏摩是将中药配方制成膏剂涂于体表的治疗部位上，施行推拿按摩等手法，发挥推拿按摩和药物的综合治疗作用，以达治病目的的方法。

“膏摩”之名，始见于《金匮要略》，后在武威出土的汉代医药简牍及西晋王叔和的《脉经》、晋代葛洪的《肘后备急方》、隋代巢元方的《诸病源候论》、唐代孙思邈的《备急千金要方》和《千金翼方》、唐代王焘的《外台秘要》、北宋王怀隐的《太平圣惠方》、明代董宿的《奇效良方》、明代朱橚的《普济方》、明代王肯堂的《证治准绳》、清代赵学敏的《串雅内外编》、清代吴师机的《理瀹骈文》等历代医著及推拿专著中均有记载。

从膏摩配方及其应用来看，膏摩主要具有温热散寒、健脾化食、消肿止痛、疏经通络、行气活血等功效。

一、操作方法

先按处方配制软膏，然后将软膏少许涂抹于体表穴位上，再进行按摩治疗。一般多用擦法、摩法、平推法和按揉法。膏摩所用处方的组成，以活血化瘀、温经散寒、健筋壮骨等药物为主。

二、适应证

本疗法适用范围很广，广泛用于内、外、妇、儿、伤及五官等科，适用于骨关节疾患、风湿痹痛、中风偏瘫、口眼㖞斜、痛风、骨损肿痛、伤筋、闭经、便秘、夜啼、惊风、目暗赤痛、喉中息肉等症。伤科常见病：肱骨外上髁炎、肱骨内上髁炎、膝关节骨性关节炎、腕关节扭伤、踝关节扭伤、跟痛症等。

三、禁忌证

妇女妊娠期及月经期；急性传染病者；有开放性创口、感染性病灶、年龄过大或体质特别虚弱的人；对药物过敏者禁用本法。

四、常用处方

1. 太一神膏（出自《备急千金要方》）

药物：蜀椒、附子、升麻、巴豆、川芎、杏仁、狸骨、细辛、白芷、甘草、白术、当归。

功效：行气活血，温阳通络。

主治：摩患处以治疗伤寒心腹积聚、颈项腰脊强痛及偏枯不仁等。

2. 曲鱼膏（出自《备急千金要方》）

药物：大黄、黄芩、莽草、巴豆、野葛、牡丹皮、踯躅、芫花、蜀椒、皂荚、附子、藜芦。

功效：祛风除湿，通络止痛。

主治：摩患处以治风湿痹痛。

3. 野葛膏（出自《圣济总录》）

药物：野葛、犀角、蛇衔、莽草、乌头、桔梗、升麻、防风、蜀椒、干姜、鳖甲、雄黄、巴豆、丹参、踯躅花。

功效：祛风消肿，通络止痛。

主治：摩患处以治恶风毒肿，痛痹不仁。

4. 陈元膏（出自《备急千金要方》）

药物：当归、细辛、桂心、天雄、生地黄、白芷、川芎、丹砂、干姜、乌头、松脂、猪脂。

功效：行气活血，祛风除湿。

主治：摩患处以治一切风湿骨肉痛痹。

目前在运用推拿进行治病的过程中，常选用姜汁、葱白汁、乙醇、薄荷水、冬青膏等作为介质进行治疗，这实际上也是从膏摩演化而来，只是配方简单和应用范围没有古代广泛。

五、注意事项

膏摩方中多含有毒性药物，不可入口；施用膏摩时，应注意防止损伤皮肤。

第十四章

现代外治疗法

学习目的

了解牵引、微波、冲击波、直线偏振光近红外线治疗等现代外治疗法的临床作用、适应证和禁忌证。

第一节　牵引治疗技术

牵引的字面意思是拉或拖的过程，在现代骨科创伤骨折、脱位领域中应用广泛，有皮肤牵引和骨牵引之分，当牵引过程作用于脊柱时，称为脊柱牵引，牵引是非手术治疗颈椎脱位的主要方法之一。同时牵引技术在伤科推拿治疗学中也取得了广泛的应用，主要应用于脊柱疾病，如腰椎间盘突出症、颈椎病等。

一、牵引治疗的主要作用

（一）缓解疼痛

牵引有助于改善局部组织的血液循环，降低炎症因子的堆积，从而减轻对神经末梢的刺激。有假说认为，牵引可刺激局部组织的机械性感受器，在脊髓脑干水平阻止疼痛感受伤害刺激的传递。

（二）缓解肌肉痉挛

低重量、持续性的牵引一直被用于骨折病的治疗当中，缓解断端附近肌肉痉挛，从而帮助骨折复位，其缓解肌肉痉挛的机制可能是通过对受累痉挛肌肉伸展性的扩张而发挥作用。

（三）增加椎间隙空间

在20世纪五六十年代就有学者对牵引增加颈椎和腰椎的椎间隙空间做过研究，通常认为，相当于1/2体重或更多的牵引力量就可使腰椎椎间隙增加1.5mm，但当解除牵引力于站立位时，椎间隙又回到牵引前的宽度。对于颈椎，有学者研究结果表明牵引重量20～25磅（1磅=0.4536kg）时颈椎的生理前凸开始变直，45磅时椎间隙增大值达到最大，在这一力量下C_2～C_7总的平均增大值为5mm。

（四）降低椎间盘内压

国内学者研究已经证明，突出椎间盘的内压在牵引下大多下降，原因可能是腰椎间盘突出后，纤维环变性、弹性下降、松弛，髓核变性脱水而萎缩，导致椎间盘内容积比正常时大而压力下降，牵引时椎间隙明显增宽，椎间盘内容积进一步增大，故椎间盘内压明显下降。

（五）纠正小关节的紊乱

小关节对脊柱的稳定性起重要作用，腰椎间盘突出症、颈椎病可继发小关节倾斜和不稳。牵引可松动小关节，纠正脊柱疾病继发的小关节功能紊乱（半脱位或关节滑膜嵌顿）。

（六）松解神经根粘连

椎间盘突出时机械性压迫和髓核组织的炎性刺激，使神经根出现明显的充血、水肿和炎症反应。反复刺激神经根及其周围组织时可引起粘连，产生运动和感觉功能障碍。腰椎牵引可缓解腰部肌肉痉挛，使椎间隙增宽，减轻神经根的机械压迫，松解粘连，从而使神经根水肿减轻，消除无菌性炎症反应，缓解疼痛，恢复神经功能。

（七）改变突出物与神经根的相对位置

在牵引力的作用下，可使突出物发生不同程度的变位变形，增加与神经根、硬膜囊的相对空间，从而减轻神经根受压和刺激。同时在持续的牵引力作用下，后纵韧带张应力增加，使未突破后纵韧带的髓核可能回纳。

二、适 应 证

本法适用于颈椎病、腰肌劳损、腰椎间盘突出症、腰椎椎管狭窄症、腰扭伤、腰椎退行性关节炎、腰椎小关节功能紊乱、腰椎滑脱及早期强直性脊柱炎等患者；也可用于膝关节骨性关节炎、髋关节炎和股骨头无菌性坏死的患者。

三、禁 忌 证

脊髓型颈椎病、重度腰椎间盘突出症、严重椎管狭窄、急性化脓性脊柱炎、脊柱畸形、严重的骨折脱位、椎管内外结核或肿瘤、峡部裂、重度骨质疏松、严重高血压或呼吸系统疾病、心脏病和有出血倾向者、孕妇及高龄患者等禁用本法。另外，后纵韧带钙化、突出椎间盘钙化及髓核摘除术后的患者应慎用本法。

四、不良反应

本法的不良反应包括牵引后心率及血压升高；牵引致臀上皮神经损伤；牵引后疼痛加重；胸壁挫伤或肋骨及横突骨折；泌尿系统损伤；小关节嵌顿；腹胀，腹痛。

五、临床中与牵引治疗有关的一些问题

从牵引应用于临床治疗康复当中，其作用及安全性始终存在较大的争议。牵引作为一项治疗手段、一种外治方法，有三项关键要素（牵引体位、牵引力和牵引持续时间）值得注意和研究，三种因素的恰当组合是提高治疗效果的关键。

（一）牵引体位

根据临床治疗需要，通常采用仰卧位、俯卧位和坐位牵引。颈椎牵引过程中最常见的体位是坐位和仰卧位。有学者认为仰卧位颈椎牵引可使 C_4～C_7 椎间隙后部增宽更为明显，更有益于增强疗效，而且该体位颈部肌肉不需支持头部重量而使患者得以舒适放松，牵引角度也易于调节。

腰椎间盘突出症患者在俯卧位并减少生理性前凸的条件下牵引相对有效，因为大部分患者的突出物向后侧方突出，这样的体位牵引是使椎间盘向前，对减轻突出物引起的症状有帮助。

（二）牵引力

颈椎牵引目前较为认同的观点是：在坐位牵引时，9.08～13.62kg 的牵引力量就可基本达到使颈椎间隙增大的作用，这也是牵拉头部的重量和抵抗肌肉张力产生阻力所需的最小牵引力量。但针对寰枕关节和寰枢关节分离的牵引力量应更小一些，一般认为在 3.73kg 左右。

腰椎牵引治疗的力学作用是，牵引时身体相关的骨性和（或）软组织腔隙增大，解除对神经根的压迫，使神经根与突出髓核间的粘连松解和移位。因此，牵引力必须首先克服软组织被牵伸后产生的内在张力和身体与床面间的摩擦力。在软组织内在张力中，皮肤、韧带、关节囊所占的份额较小，主要是肌肉，故应根据牵张反射的机制，应用足够的牵引重量缓慢进行牵引和放松牵引，可避免出现反射性肌痉挛，产生牵张反射，影响牵引效果。最佳牵引力应为体重的 60%～70%。对老年腰椎间盘突出症伴腰椎骨质疏松时，选择适当的牵引力显得尤为重要，因为过大的腰椎牵引力可诱发或加重已疏松椎体的损伤，加快腰椎退变，反而会进一步加重腰椎间盘突出症的症状。

（三）牵引持续时间

牵引时间在很大程度上受到牵引力的影响。一般牵引力大时牵引时间相对要短，反之则相对要长。通常每次牵引持续的时间以 15～30 分钟，平均 20 分钟为宜。

第二节　微波治疗、低频治疗、中频治疗

一、微波治疗

微波是指频率为 300MHz～300GHz 的电磁波，21 世纪 30 年代，微波的生物效应被发现在医用治疗中有一定疗效，并逐渐应用于临床康复治疗。微波与生物体的相互作用有微波致热效应和非热效应两种。微波的热效应能改变病变组织微环境，对不耐热的细菌有抑菌作用，温热作用可缓解肌肉痉挛，增加乳酸的代谢，缓解疼痛；微波的非热效应可以使活体组织受到微波照射后无明显升温的情况下，发生一系列理化性质的变化。

（一）微波治疗的功效

微波治疗能抑制细菌及癌细胞的 DNA、RNA 和蛋白质的合成；激活溶酶体，使紊乱癌细胞骨架重新排列，从而破坏癌细胞；增强巨噬细胞和 T 细胞吞噬能力，提高免疫力，从而达到抑菌抗癌作用；还可干扰疼痛的冲动而减轻或消除疼痛，对感觉神经有直接止痛作用。

如果利用微波照射人体炎症部位，该炎症部位处的水分子会随微波场振动而受热，能够加速血液循环及组织新陈代谢，促进血管和神经功能的恢复，抑制细菌生长，从而达到有效的治疗目的。微波治疗仪所采用的微波热疗是一种非接触加热方式，不存在因电接触造成的热灼伤和电灼伤的可能，它具有辐射能量的方向性好、加热面能量分布均匀、有效透热深度深、既可做局部治疗又可做全身治疗等优点。

微波治疗仪是运用微波生物组织的热效应与非热效应，对病变组织进行止血、凝固、消炎、消肿、止痛、改善局部组织血液循环等，从而达到治疗疾病的目的，目前已经运用于妇科、泌尿科、肿瘤科、肛肠科、耳鼻喉科、推拿科、康复科、神经内科、消化科等。

（二）适应证

微波治疗适用于膝关节骨性关节炎、髋关节滑膜炎、类风湿关节炎、肩周炎、颞下颌关节紊乱综合征、滑囊炎、踝关节扭伤、颈椎病、腰椎间盘突出症、网球肘等伤科疾病，具有较好的疗效。

（三）禁忌证

体内有金属植入物，除专门医嘱外，一般不可用微波治疗；植入心脏起搏器或心脏电极的患者不能接受微波治疗；装有金属节育环的妇女采用微波治疗盆腔炎要遵从医嘱；对于治疗部位有严重血液循环障碍，感温迟钝或丧失者，高热患者，糖尿病患者，妊娠期妇女，3 岁以下儿童慎用微波治疗；对有出血倾向的患者、严重局部水肿及全身性感染疾病患者禁用微波治疗。

二、低频治疗

低频治疗仪是利用电磁波的较低频段进行康复治疗，工作频率为 0.5～1000Hz。低频治疗因频率较低，电流不易通过电极和皮肤间的空气间隙，主要作用于皮肤，利用其热效应。

临床作用：①镇痛；②兴奋神经肌肉组织；③促进局部血液循环。

适应证：软组织损伤、肩周炎、腰肌劳损、骨关节炎等的辅助治疗。

禁忌证：体内有金属植入物者，植入心脏起搏器者。

三、中频治疗

电脑中频治疗仪是一种利用等幅度的中频电信号来调制低频多种波形电信号作用于人体局部进行治疗的中频电刺激理疗设备。中频治疗仪的工作频率为 1001Hz～10kHz，脉冲电流作用于患者局部皮下深处较低频微波治疗仪能更深一步达到肌肉，从而使肌肉出现无规则和有规则的收缩运动，因兼具中频和低频 2 种成分，故既具有低频电疗的作用，即镇痛、促进周围血液循环、增加组织血液供应、兴奋神经肌肉组织、消散非特异性炎症等，又具有中频电疗的作用，即锻炼骨骼肌、提高平滑肌张力、消除组织和神经纤维间的水肿、软化瘢痕和松解粘连等。中频治疗仪广泛应用于治疗神经系统、运动系统疾病，临床应用较低频治疗仪广泛。

（一）适应证

中频治疗适用于腰椎间盘突出症、腰肌劳损、肩周炎、网球肘、腱鞘炎、肱骨外上髁炎、风湿性关节炎、类风湿关节炎、挫伤、肌纤维组织炎、神经痛、神经炎、瘢痕挛缩、术后粘连、周围神经损伤、神经损伤、部分失神经肌肉恢复、偏瘫恢复等。

（二）禁忌证

急性化脓性炎症、有出血倾向、恶性肿瘤、局部金属异物、心脏部位、孕妇腰腹部、心脏起搏器患者，以及对电流不能耐受者禁用中频治疗。

第三节　冲击波治疗

体外冲击波治疗是近 10 年来迅速发展的一项肌骨疾患现代外治疗法，源于 20 世纪 80 年代中期动物研究中成骨细胞应答模式的一个偶然发现，在过去的 10～15 年，冲击波疗法已经成为某些骨伤科疾病治疗的主要方法之一。

一、冲击波概述

冲击波发生技术有三种，分别是液电、电磁、压电原理。液电原理代表了第一代骨科冲击波治疗机，液电冲击波是在水下爆炸产生高压电极火花放电的高能量声波，然后用椭圆反射镜聚焦声波，瞄准病变部位产生治疗效果，它的特点是体积大，因为体积大所以总能量大；电磁技术是电流通过线圈产生强磁场；压电技术利用大量的压电晶体。冲击波有两个基本的作用。其主要作用是直接的机械力，可以使最大化有效的脉冲能量集中在靶点提供治疗；第二个作用是间接的机械力引起的空化效应，该效应可能造成不良反应或对组织造成损伤。

冲击波常用的物理参数主要包括冲击波能量、压力场及能流密度。冲击波能量是对每一个压力场特定位置内的压力/时间函数进行时间积分后，再进行体积积分后计算出的，单位为毫焦（mJ）；压力场是环绕治疗头的对称轴区域，不同类型的冲击波治疗机压力场不同，液电式冲击波场呈椭圆形，电磁式冲击波场呈纺锤形，压电式冲击波场呈圆形，单位为兆帕（MPa，1MPa=10bar）；能流密度是描述冲击波能量的最常用参数，描述单位面积能量的集中度，计量单位以毫焦/平方毫米（mJ/mm^2）表示。

冲击波波源的产生方式：①液电式冲击波源；②压电晶体冲击波源；③电磁式冲击波源。

冲击波波源能量的传递形式可分为聚焦式、发散式、平波、水平聚焦等。

二、适　应　证

1. 骨组织疾病　骨折延迟愈合及骨不连、成人股骨头坏死、应力性骨折。

2. 软组织慢性损伤性疾病　冈上肌腱炎、肱骨外上髁炎、肱骨内上髁炎、足底筋膜炎、跟腱炎、肱二头肌长头肌腱炎、股骨大转子滑囊炎等。

3. 相对适应证　骨性关节炎、骨髓水肿、胫骨结节骨软骨炎、距骨骨软骨损伤、腱鞘炎、肩峰下滑囊炎、髌前滑囊炎、髌腱炎、弹响髋、肌痉挛、肌肉拉伤、腕管综合征、骨坏死性疾病（月骨坏死、距骨坏死、舟状骨坏死）、骨质疏松症等。

三、禁　忌　证

1. 全身因素

（1）出血性疾病：凝血功能障碍可能引起局部组织出血，未治疗、未治愈或不能治愈的出血性疾病患者不宜行 ESWT。

（2）血栓形成：该类患者禁止使用 ESWT，以免造成血栓栓子脱落，引起严重后果。

（3）生长痛：生长痛患儿疼痛部位多位于骨骺附近，为避免影响骨骺发育，不宜行 ESWT。

（4）严重认知障碍和精神疾病。

2. 局部因素

（1）肌腱、筋膜断裂及严重损伤。

（2）体外冲击波焦点位于脑及脊髓组织、大血管及重要神经干走行部位、肺组织。

（3）骨缺损＞2cm 的骨不连。

（4）关节液渗漏：易引起关节液渗出加重。

3. 相对禁忌证　下列疾病在使用高能聚焦式冲击波治疗机时为相对禁忌证，而低能量冲击波治疗机不完全受下列禁忌证限制：①严重心律失常；②严重高血压且血压控制不佳；③安装心脏起搏器；④恶性肿瘤已多处转移；⑤妊娠期；⑥感觉功能障碍；⑦其他。

4. 临床使用不良反应

（1）治疗部位局部血肿、瘀紫、点状出血。

（2）治疗部位疼痛反应增强。

（3）治疗部位局部麻木、针刺感、感觉减退。

四、冲击波治疗的定位方法

准确的定位是 ESWT 取得良好疗效的前提，常用的定位方法包括体表解剖标志结合痛点定位、X 线定位、超声定位及磁共振成像（magnetic resonance imaging，MRI）结合体表解剖标志定位。

（一）体表解剖标志结合痛点定位

根据患者痛点及局部解剖标志进行定位的方法，常用于慢性软组织损伤疾病定位，如肱骨内上髁炎、肱骨外上髁炎等。

（二）X 线定位

通过 X 线机将治疗点与聚焦式冲击波治疗机第二焦点耦合，主要用于骨组织疾病定位，如骨不连、股骨头坏死等。

（三）超声定位

超声定位是通过超声检查确定治疗部位的定位方法，可用于骨、软组织疾病定位，如肱二头肌长头肌腱炎、跟腱炎、冈上肌腱炎等。

（四）MRI 结合体表解剖标志定位

MRI 结合体表解剖标志定位是根据患者 MRI 影像学表现及局部解剖标志进行定位的方法，常用于骨、软骨疾病定位，如距骨软骨损伤、骨髓水肿、应力性骨折等。定位时，治疗点应避开脑及脊髓组织、大血管及重要神经干、肺组织，同时应避免内固定物遮挡。

第四节　直线偏振光近红外线治疗

直线偏振光近红外线又称超激光或红外偏振光，是一种光疗的方法，具有散射损失小、穿透力强的特点，能到达机体较深部位，不同于普通医用红外线和激光治疗。红外偏振光可以通过两种技术获得，一是通过偏振原件滤出自然光中的部分偏振光，另一种是利用半导体激光发射器获得线性偏振光。红外偏振光的输出波长范围在 0.6～1.6μm，而 0.6～1.3μm 是“人体投射窗口”，这个波段的光能量不容易被皮肤吸收，所以可以到达深层组织 5cm 左右，从而形成“光针”效应，这是普通红外线不能达到的深度；而 1.3～1.6μm 波长段又可以产生较好的热效应。同激光相比，激光是单一波长，而且照射光斑面积较小，同时直线偏振光近红外线输出功率可达 1.5～5W，它不但可以进行传统的痛点、穴位照射，还可以进行神经根、神经干和神经节的照射，提高了光疗仪器的临床疗效。

一、临床作用

直线红外偏振光近红外线的光刺激可产生光作用和热辐射作用，通过扩张血管、改善血液循环、促进体内活性物质生成、抑制交感神经的兴奋性、阻断疼痛恶性循环等机制，从而起到抑制神经兴奋、松弛肌肉、扩张血管、增加血流、加速致痛因子代谢作用。

直线偏振光近红外线治疗方式：局部照射，区域照射，穴位照射，神经根、神经干和神经节的照射。

二、适应证

直线偏振光近红外线治疗适用于各种亚急性慢性肌肉痛和关节痛，肌腱炎，跟痛症，颈椎病和腰椎间盘突出症所致的疼痛，肩关节周围炎，膝关节骨性关节炎，颞下颌关节紊乱，还可有效地调节人体内环境的稳定，调控自主神经、内分泌和免疫功能。

三、禁忌证

眼睛、性腺部、孕妇腹部为绝对禁忌；恶性肿瘤患者，植入心脏起搏器者，对光线过敏者，有出血性疾病者，新生儿和婴儿应慎用直线偏振光近红外线治疗。

思考题

试述临床中与牵引治疗有关的一些问题。

第十五章

伤科疾病常用外用方药

学习目的

了解项痹痛、腰痹痛、胯痹痛、肩痹痛、肘痹痛、腕痹痛、膝痹痛、踝痹痛的常用外治方药的组成、解析。

第一节 项 痹 痛

一、病 因 病 机

项痹痛发生的外因主要为外伤、劳损或感受风寒湿邪，筋骨损伤，气血失和，痹阻筋脉、关节、经络；内因为肝肾不足，气血亏虚，筋骨衰退，失于濡养。

颈项部外伤是项痹痛发生的主要原因之一。外伤造成项部筋脉受损，而血不循经，血溢脉外，气机阻滞，瘀阻不行，不通则痛，是项痹痛发生的主要机制。项痹痛亦可由于长期不正确的姿势造成项部筋脉损伤而发病。年老体虚，气血衰退，腠理不密，营卫不固，风寒湿邪乘虚而入，痹阻经络，气血运行不畅，筋骨失养。如《素问·痹论》曰："风寒湿三气杂至，合而为痹也。"肝藏血主筋，肾藏精主骨生髓。如《素问·上古天真论》所言："五八，肾气衰""七八，肝气衰，筋不能动""身体重、行走不正"。随着年龄的增加，肝肾亏虚，骨髓失养，筋骨失健，筋弛骨痿，气血不足，运行不畅，见颈项酸软、头晕眼花、耳鸣、肢体麻木无力、行走困难，发为本病。

二、分 型 论 治

（一）风寒湿证

外用方药：桂麝散——出自《药蔹启秘》

组成：麻黄 15g，细辛 15g，肉桂 30g，丁香 30g，皂角 9g，生半夏 24g，天南星 24g，麝香 0.9g，冰片 1.2g。

解析：方中麻黄可宣透腠理；肉桂、细辛配伍可祛寒散结；生半夏、天南星合用可燥湿散结止痛；丁香、麝香、冰片、皂角合用可疏通经络，活血消肿。

用法：共研细末，掺膏药上，贴于患处。每日一换。

（二）气滞血瘀证

外用方药：活血散——成都中医药大学附属医院经验方

组成：乳香15g，没药15g，血竭15g，贝母15g，木香6g，厚朴9g，制川乌3g，制草乌3g，白芷3g，麝香1.5g，紫荆皮24g，香附15g，小茴香9g，甲珠15g，自然铜15g，木瓜15g，肉桂6g，当归24g，独活5g，羌活15g，续断15g，虎骨（狗骨代）15g，川芎15g。

解析：紫荆皮活血化瘀，通经止痛；当归、乳香、没药、川芎、血竭、麝香活血化瘀，散结止痛；厚朴、木香、香附、小茴香、贝母行气止痛；制川乌、制草乌、肉桂、川芎、羌活、独活、白芷祛风宣痹止痛；木瓜、甲珠、虎骨（狗骨代）、续断、自然铜强筋健骨，舒筋活络。

用法：磨成细末，过筛，用水调敷，涂于患处，每日一换，1周为1个疗程。

（三）痰湿阻络证

外用方药：四生散——出自《太平惠民和剂局方》

组成：半夏210g，川乌头15g，南星90g，白附子60g。

解析：半夏、南星温经通络，燥湿化痰，消肿散结；川乌头温经止痛，祛风除湿；白附子燥湿化痰，祛风散结。

用法：磨成细末，过筛，用水调敷，涂于患处，每日一换，1周为1个疗程。

（四）肝肾不足证

外用方药：止痛散——出自《医宗金鉴》

组成：防风3g，荆芥3g，当归3g，艾叶3g，牡丹皮3g，鹤虱3g，升麻3g，苦参6g，透骨草6g，赤芍6g，川椒9g，甘草3g。

解析：防风、荆芥、升麻、鹤虱疏散风邪；川椒、苦参、艾叶散风除湿；当归、牡丹皮、赤芍、透骨草活血通络，散瘀止痛；甘草调和诸药。

用法：共为细末，装进布袋内，扎口，水煎，熏洗患处。

（五）气血亏虚证

外用方药：黄芪桂枝五物汤——上海市光华中西医结合医院协议处方

组成：生黄芪30g，桂枝12g，炒白芍20g，知母15g，当归15g，生甘草6g，川芎15g，补骨脂10g，骨碎补6g，威灵仙30g，浙贝母15g，莪术12g，汉防己15g，防风15g，炒白术15g，陈皮6g，地鳖虫6g，王不留行12g，杜仲15g。

解析：重用生黄芪补益肺脾之气；桂枝散邪和卫，温经散寒；汉防己、防风祛风除湿；并用白术健脾燥湿，既助防己以利湿行水，又助黄芪以益气固表；知母、白芍养阴清热，浙贝母清热祛痰，共制桂枝之燥热；杜仲、补骨脂补肾阳，壮筋骨，以助桂枝温通经络；威灵仙、骨碎补祛风湿，通经络；当归、川芎、王不留行活血化瘀，通络止痛；莪术破血行气；地鳖虫搜风通络，活血破血；陈皮、甘草调和诸药。

用法：水煎，外洗，药渣外敷，每日1剂。

第二节 腰 痹 痛

一、病因病机

本病早期多由于劳损外伤、外感六淫、禀赋不足所致。病程日久，肝肾亏虚，多为虚证或虚实夹杂之证。

因意外损伤腰部筋脉，而又失治误治，导致气滞血瘀，经络壅滞，不通则痛，是腰痹痛发生的主要机制。正如《金匮翼》所言“瘀血腰痛者，闪挫及强力举重得之。盖腰者一身之要，屈伸俯仰，无不由之。若一有损伤，则血脉凝涩，经络壅滞，令人卒痛，不能转侧，其脉涩，日轻夜重者是也”。同时，长期从事体力劳作，也可因劳倦损伤腰部筋脉，导致瘀血阻滞，气血不畅，腰部筋脉失养，引发腰痹痛。先天禀赋也是诱发腰痹痛产生的基础之一。《素问·脉要精微论》曰：“腰者肾之府，转摇不能，肾将惫矣。”腰为肾之府，若先天肾气不足，导致经络之气不足，皮肤腠理不能固表，则邪气由肌表侵入至经络、脏腑，逐渐深入、加重，阻滞腰部气机运行，不通则痛，或是筋脉肌表失养，不荣则痛。而风为百病之长，不但可直接导致腰痛，也可为他邪之先导。风寒湿合而为痹，以风盛者为行痹，寒盛者为痛痹，湿盛者为着痹，风寒湿邪，乘肾气之虚，而客之，则见腰痛。此外，胆脾位于中焦，为气机升降之枢，火性升而相火宜藏，火不藏则肾水冰寒，湿水不化，湿不化则太阴难行运化之机，阻碍气机升降，而不能运转四维，相火不降，气机阻滞，多成上热下寒之象，寒湿在下，燥热在上，气机不顺，腰部不舒，久则肾阳不足，寒水不化，肾气失衡，导致腰痛。

二、分型论治

（一）血瘀证

外用方药：海桐皮汤——出自《医宗金鉴》

组成：海桐皮 6g，透骨草 6g，乳香 6g，没药 6g，当归 5g，川椒 10g，川芎 10g，红花 3g，威灵仙 3g，防风 3g，白芷 2g。

解析：乳香、没药、当归、川芎、红花活血化瘀；川椒温经散寒；威灵仙、海桐皮、透骨草、防风、白芷祛风除湿。

用法：研成细末，布袋装，煎水熏洗患处。

（二）寒湿证

外用方药：温经通络膏——出自《中医伤科学讲义》

组成：乳香 250g，没药 250g，麻黄 250g，马钱子 250g，蜂蜜适量。

解析：马钱子通经络，止痛；麻黄温散寒邪；乳香、没药活血化瘀止痛；蜂蜜调和解毒。

用法：研磨成细粉，用蜂蜜调敷。涂于患处，每日一换，1 周为 1 个疗程。

（三）湿热证

外用方药：五加皮汤——出自《医宗金鉴》

组成：当归 9g，没药 9g，五加皮 9g，皮硝 9g，青皮 9g，川椒 9g，香附 9g，丁香 3g，麝香 0.3g，青葱 3 根，地骨皮 3g，牡丹皮 6g。

解析：五加皮祛风湿，强筋骨，止痹痛；丁香、麝香、香附、川椒、青皮、青葱行气止痛；当归、没药、牡丹皮活血化瘀，消肿止痛；地骨皮泄热凉血；皮硝泄热止痛。

用法：研成细末，布袋装，煎水熏洗患处，早晚各一次，每日 1 剂。

（四）肝肾亏虚证

外用方肾壮药：补骨汤——出自《林如高正骨经验》

组成：杜仲 9g，枸杞子 9g，骨碎补 9g，续断 9g，芡实 9g，补骨脂 9g，狗脊 9g，煅狗骨 15g。

解析：杜仲、枸杞子、骨碎补、续断、补骨脂合用，可补益肝肾，强壮筋骨，通经止痛；芡实益肾固精；狗脊导滞通经，宣痹止痛；煅狗骨强筋健骨，舒筋活络。

用法：研成细末，布袋装，煎水熏洗患处，早晚各一次，每日 1 剂。

第三节　胯　痹　痛

一、病 因 病 机

因外伤损伤胯部筋脉，而又失治误治，导致气滞血瘀，经络壅滞，不通则痛，是胯痹痛的主要发病机制。长期从事体力劳作或孕妇产后，也可因劳倦损伤胯部筋脉，导致瘀血阻滞，气血不畅，腰部筋脉失养，引发胯痹痛。风寒湿三气侵袭胯部，相互错杂导致胯痹痛。偏重于风者，为行痹；偏重于寒者，为痛痹；偏重于湿者，为着痹。正如《素问·痹论》所言“风寒湿三气杂至，合而为痹也。其风气胜者为行痹，寒气胜者为痛痹，湿气胜者为着痹也”。《素问·举痛论》所言“经脉流行不止，环周不休，寒气入经而稽迟，泣而不行，客于脉外则血少，客于脉中则气不通，故卒然而痛”。

二、分 型 论 治

（一）气滞血瘀证

外用方药：定痛散——出自《伤科汇纂》

组成：当归 3g，川芎 3g，白芍 3g，升麻 3g，防风 3g，官桂 3g，山柰 15g，紫丁香根 15g，红花 15g，麝香 0.9g。

解析：当归养血活血，舒筋通络；川芎、红花增强活血化瘀之效；升麻、防风祛风解表；官桂配合麝香可增强活血化瘀之效；紫丁香根、山柰可行气止痛，散寒除湿；白芍养血敛阴。

用法：共为细末，老葱汁调和，敷于患处。

（二）风寒痹阻证

外用方药：三色敷药——出自《中医伤科学讲义》

组成：蔓荆子 240g，紫荆皮 240g，全当归 60g，五加皮 60g，木瓜 60g，丹参 60g，羌活 60g，赤芍 60g，白芷 60g，片姜黄 60g，独活 60g，甘草 18g，秦艽 30g，天花粉 60g，怀牛膝

60g，川芎 30g，连翘 24g，威灵仙 60g，木防己 60g，防风 60g，马钱子 60g。

解析：重用蔓荆子、紫荆皮、马钱子行气活血，散结止痛，祛风通痹；羌活、独活、防风、秦艽、木防己、木瓜、五加皮、白芷、威灵仙祛除风寒湿，舒筋活络，同时与上药合用增通络止痛之效；丹参、赤芍、全当归、川芎、片姜黄、天花粉、怀牛膝，与上药合用增强通络止痛之效；连翘、甘草清泄郁热，与诸药合用以成其功。

用法：共研细末，用蜜或者饴糖调拌如糊状，敷于患处，每日一换。

（三）肝肾不足证

外用方药：消肿活血汤——出自《简明正骨》

组成：苏木 9g，羌活 9g，威灵仙 9g，红花 6g，没药 6g，乳香 6g，丹参 5g，五加皮 15g。

解析：苏木、红花、乳香、没药活血祛瘀；丹参配合上药增强通络止痛之效；羌活、威灵仙、五加皮祛风湿，强筋骨，止痹痛。

用法：水煎，熏洗患处。每日 1 剂，三煎，熏洗 3 次。

第四节　肩　痹　痛

肩痹痛是由多种因素导致的以肩部疼痛、活动功能障碍为主要表现的一种病症。主要是由于体虚、外伤劳损而风寒侵袭肩部所致，以肩部疼痛，活动受限为主要表现。

一、病因病机

肩痹痛的病因病机主要是由于肝肾不足，气血虚衰，筋腱失于濡养，腠理空疏，易于感受风寒湿邪和劳损。外邪侵入经络后，凝滞关节，使气血运行不畅，阻滞不通，而产生疼痛；或劳逸失度或积劳成伤，造成肌筋疲劳或磨损，肩部活动渐少，而致气滞血凝，脉络闭阻，产生关节痹痛。同时由于筋肉拘挛不利，可导致活动障碍。

二、分型论治

（一）风寒湿证

外用方药：骨科外洗二方——出自《外伤科学》

组成：桂枝 15g，威灵仙 15g，防风 15g，五加皮 15g，细辛 10g，荆芥 10g，没药 10g。

解析：桂枝、细辛温经散寒，宣痹止痛；威灵仙祛湿通络，除痹痛；防风、荆芥散寒祛风除湿；五加皮强壮筋骨；没药活血行气止痛。

用法：水煎熏洗，每日 1 剂，分 2 次熏洗。

（二）气血瘀滞证

外用方药：消瘀止痛药膏——出自《伤科学讲义》

组成：木瓜 60g，栀子 30g，大黄 150g，蒲公英 60g，地鳖虫 30g，乳香 30g，没药 30g。

解析：重用大黄活血通经，消肿止痛；配以地鳖虫破血逐瘀；乳香、没药行气活血，散瘀止痛；配合大黄、地鳖虫以增强活血化瘀，消肿止痛之效；木瓜、栀子、蒲公英清热舒筋，散瘀止痛，助大黄清泄瘀热之力。

用法：共为细末，用饴糖或者凡士林调和，敷于患处，每日一换。

（三）气血亏虚证

外用方药：旧伤洗剂——出自《林如高正骨经验》

组成：生草乌 9g，生川乌 9g，三棱 9g，莪术 9g，泽兰 9g，肉桂 9g，当归尾 9g，桃仁 9g，红花 9g，乌药 9g，羌活 15g，牛膝 15g。

解析：生川乌、生草乌、肉桂温经散寒止痛；三棱、莪术消肿散结；乌药疏肝解郁；桃仁、红花、泽兰活血化瘀；当归尾、牛膝补益气血；羌活祛风宣痹止痛。

用法：水煎，每剂加陈醋 45g，熏洗患处，每日 1 剂，分 2 次熏洗。

第五节　肘　痹　痛

一、病因病机

本病早期多由外感六淫，劳损外伤所致。病程日久，肝肾亏虚，多为虚证或虚实夹杂之证。

居处潮湿，或调护不慎，如睡时露肘，以致邪气侵袭，痹阻肘部关节而致痹；或感受湿热之邪，或邪郁日久化热，闭阻肘部筋脉，而致本病。正如《素问·气穴论》曰："积寒留舍，荣卫不居，卷肉缩筋，肋肘不得伸。"明代马莳曰："邪气有余而实，则为肘挛。"或因饮食不节，痰浊内生，或痰瘀互结，致使肘部气血不通，而致本病。如宋代《太平惠民和剂局方》曰："经络中有湿痰死血，腿臂间忽有一二点作痛。"或肘部长期劳损，或跌仆外伤，使肘部脉络瘀阻，闭阻不通，而发本病。如《证治要诀》曰："曾因挈重伤筋，以致臂痛。"亦或久病之后，或年老肾衰，或房事不节，气血脏腑亏虚，肝肾亏虚，肘部筋骨失养，而致痹。脏腑气血亏虚是内在基础，六淫侵袭与外伤劳损是外在条件。

二、分型论治

（一）风寒湿痹证

外用方药：温煦丹——出自《疡科纲要》

组成：香附 45g，羌活 30g，独活 30g，肉桂 30g，生南星 30g，甘草 45g，制川乌 20g，制草乌 20g，高良姜 20g，公丁香 20g，急性子 60g。

解析：方中香附、肉桂、制川乌、制草乌、高良姜、公丁香、急性子温经散寒止痛；羌活、独活、生南星祛风除湿；葱、酒通络散结；甘草调和诸药。

用法：研作极细粉末，混合均匀后用无灰酒或黄酒 500ml 加连根葱 3 根煎煮，沸腾后不断搅拌，搅至稠糊状，取适中大小无菌纱布，将适量药物均匀涂抹于纱布表面，热敷于肘部患处。

（二）风湿热痹证

四黄膏——出自《证治准绳》

组成：黄连 15g，黄柏 45g，大黄 45g，黄芩 45g。

解析：大黄清热凉血，逐瘀通经；黄连、黄芩、黄柏清热燥湿，消肿止痛，共奏清热除湿，宣痹通络之功。

用法：诸药研磨成粉末状待用，再将凡士林油膏 250ml 放入容器中加热熔化，而后将药粉加入凡士林溶剂中混合搅拌成膏状，在室温中自然放凉即可使用。使用时直接将膏药敷于肘部，可辅以揉法、擦法，以发热为度。

（三）痰瘀痹阻证

外用方药：双合汤——出自《杂病源流犀烛》

组成：当归 9g，川芎 9g，白芍 9g，熟地黄 9g，陈皮 9g，半夏 9g，白茯苓 9g，桃仁 6g，红花 6g，白芥子 3g，甘草 6g。

解析：方中桃仁、红花活血化瘀；熟地黄、当归滋阴补肝，养血调经；白芍养血和营，以增补血之力；川芎活血行气，调畅气血，以助活血之功；半夏、陈皮燥湿理气化痰；白茯苓健脾渗湿，渗湿以助化痰之力，健脾以杜生痰之源；白芥子利气豁痰，通络止痛。

用法：上方混合均匀后，加水 400ml 左右，煮沸后调温度至 50～60℃，把毛巾在药水中浸湿，拧干后敷于肘部。在热毛巾外面可以再盖一层毛巾或棉垫，以保持热度。一般每 5 分钟更换一次毛巾，最好两条毛巾交替使用。每次热敷时间 15～20 分钟，每日敷 2～3 次。

（四）气滞血瘀证

外用方药：散瘀和伤汤——出自《医宗金鉴》

组成：番木鳖 15g，红花 15g，生半夏 15g，骨碎补 9g，甘草 9g，葱须 30g。

解析：方中红花活血行瘀；番木鳖、生半夏通络散结，消肿止痛；骨碎补补肾续伤；葱、醋通络散结；甘草调和诸药，以奏活血化瘀止痛之功。

用法：上方混合均匀后，加水 1000ml，煎沸后，入醋 60g 再煎 5～10 分钟，待温度至 50℃，熏洗肘部，每日 3～4 次，每次熏洗都把药液煮沸后用。

（五）肝肾亏虚证

外用方药：补肾壮筋汤——出自《伤科补要》

组成：熟地黄 12g，当归 12g，山茱萸 12g，茯苓 12g，川续断 12g，牛膝 10g，杜仲 10g，白芍 10g，五加皮 10g，青皮 5g。

解析：方中熟地黄、当归、白芍、山茱萸滋补精血；杜仲、牛膝、川续断、五加皮强壮筋骨；茯苓、青皮理气益脾，以助运化。诸药合用，可使肝肾得养，则筋骨强壮。

用法：上方混合均匀后，加水 500ml 左右，煮沸后调温度至 50～60℃，把毛巾在药水中浸湿，拧干后敷于肘部。在热毛巾外面可以再盖一层毛巾或棉垫或用保鲜膜，以保持热度。一般每 5 分钟更换一次毛巾，最好两条毛巾交替使用。每次热敷时间 15～20 分钟，每日敷 2～3 次。

第六节　腕　痹　痛

一、病因病机

本病早期多由外感邪气，劳伤瘀血所致。病程日久，耗血伤精，气血亏虚而致经脉不荣。

久居湿地，手腕部常触冰冷之物，或涉水冒雨，疏于调护，寒湿入侵，流注手腕，以致腕部经脉阻滞，而发本病；或湿热之邪蕴结，阻遏腕部经脉，亦可致病。如《类证治裁》曰："或饮酒当风，汗出浴水，因醉犯房，皆能致之，其手指挛曲，身多傀儡，其肿如脱，渐至摧落，其痛如掣，不可屈伸。"或手腕长期旋握用力而致劳损，跌仆闪挫致瘀血内停，闭阻腕部而发本病。正如宋代《圣济总录》云："打扑损伤，手脚筋骨疼痛。"亦或先天禀赋不足，脾胃素虚，气血生化乏源，或房劳过度，气血亏虚，无以濡养腕部筋骨关节，亦可致病。《证治准绳》言："麻者气之虚也，真气弱不能流通，填塞经络，四肢俱虚，故生麻木不仁，或在手，或在足。"

外邪侵袭是标，正气亏虚是本。

二、分型论治

（一）风寒湿痹证

外用方药：治湿神效火龙膏——出自《摄生众妙方》

组成：生姜240g，乳香20g，没药20g，麝香5g，牛皮胶60g。

解析：生姜性温散寒；乳香、没药活血行气止痛；麝香性温走窜，驱邪外出。

用法：生姜取汁，乳香、没药晒干，研成细末，倾入煎好的牛皮胶汁中，再煎，待稠黏将麝香末搅入，待温暖适宜，量腕部湿痛处长短阔窄，均匀摊开冷定。每3日一换，5次为1个疗程。

（二）风湿热痹证

外用方药：三黄膏——出自《石氏伤科石仰山》

组成：大黄20g，黄芩15g，黄柏15g，东丹15g，熟石膏15g。

解析：大黄泻热毒，行积滞；黄芩泻实火，除湿热；黄柏清热除湿，泻火解毒；东丹解热毒；熟石膏收敛除湿。五药共奏清热祛风，除湿止痛之功。

用法：上药晒干，磨成细末，过筛，用蜜或菊花水调敷患处，每日一换，疗程为1周。

（三）气滞血瘀证

外用方药：痹痛消巴布膏——浙江中医药大学附属广兴医院经验方

组成：独活15g，桑寄生30g，细辛10g，丹参15g，当归15g，川芎10g，红花15g，乳香15g，没药15g，白芥子10g。

解析：方中独活、桑寄生补肝肾，强筋骨，祛风湿，为君药；细辛、丹参、当归协助君药发挥补气生血，通经络，除风湿，散瘀消肿之功效，为臣药；川芎、红花、乳香、没药皆能止痛，消肿，生肌，为佐药；白芥子辛散攻窜，消皮里膜外之痰，使药直达病所，故为使药。

用法：上药煎煮后提取，根据巴布膏制备方法，制备巴布膏成品贴于患处，每日一换，7次为1个疗程。

（四）气血亏虚证

外用方药：气血并补荣筋汤——出自《中医内科学》

组成：生薏苡仁15g，茯苓15g，生白术15g，何首乌15g，当归20g，砂仁20g，熟地黄

20g，黄精15g，蜂房20g，乌梢蛇1条，豨莶草15g，络石藤15g，金毛狗脊15g，秦艽15g，菟丝子15g。

方解：方中生薏苡仁、茯苓、生白术、何首乌、当归、砂仁、熟地黄、黄精益气补血而荣筋；蜂房、乌梢蛇、豨莶草、络石藤、金毛狗脊、秦艽活络导滞通经，宣痹止痛；菟丝子补肝肾，强筋骨。

用法：上方煎煮后，每次取药汁200ml，加入200ml水稀释，投入毛巾加热至50～60℃后，取毛巾热敷患处，以能耐受为度。中药热敷每次20分钟，每日1～2次，如热敷处皮肤破损或有皮肤病则不宜采用。

第七节　膝　痹　痛

一、病因病机

年老体虚，肝肾不足，肝亏则筋弛，肾虚则髓空，筋骨失养，易受风寒湿热等外邪，邪气流注经络，气血壅塞，瘀滞不通，痹着膝部，导致膝部关节、筋骨、肌肉等疼痛，酸楚，肿大，活动不利，久则肌萎筋缩，骨节凝滞而为膝痹。正如《素问·痹论》所言："风寒湿三气杂至，合而为痹也。"脏腑亏虚易于受邪而痹阻，痹邪日久亦可内舍于脏腑，《素问·痹论》曰："五脏皆有合，病久而不去者，内舍于其合也。故骨痹不已，复感于邪，内舍于肾。筋痹不已，复感于邪，内舍于肝。脉痹不已，复感于邪，内舍于心。肌痹不已，复感于邪，内舍于脾。皮痹不已，复感于邪，内舍于肺。"正虚不固是内在基础，感受风寒湿热等外邪是外在条件。

二、分型论治

（一）风寒湿痹证

外用方药：温经热敷洗剂方——杭州市中医院经验制剂方

组成：丹参20g，红花12g，钻地风30g，香樟木50g，千年健30g，桂枝15g，苏木15g，路路通15g，乳香15g，没药15g，羌活20g，独活20g，川乌12g，草乌12g，五灵脂12g，香附12g，虎杖20g，木瓜30g，牛膝15g，川续断12g，狗脊20g，豨莶草12g，骨碎补20g。

解析：丹参、红花、乳香、没药、五灵脂、苏木、香樟木活血祛瘀；千年健、川续断、狗脊、骨碎补、牛膝强筋壮骨；羌活、独活、豨莶草祛风除湿；路路通、钻地风舒筋通络；川乌、草乌、桂枝温经散寒；虎杖、木瓜化湿活络。

用法：上方煎煮后，每次取药汁150ml，加入150ml水稀释，投入毛巾加热至50～60℃后，取毛巾热敷患处，以能耐受为度。中药热敷每次15分钟，每日2～3次，如热敷处皮肤有伤口或皮肤病则不宜采用。

（二）风湿热痹证

外用方药：如意金黄散——出自《外科正宗》

组成：天花粉500g（上白），黄柏250g（色重者），大黄250g，姜黄250g，白芷250g，厚朴250g，陈皮250g，甘草250g，苍术250g，天南星250g。

解析：大黄清热凉血，活血化瘀；黄柏泻火解毒，清热燥湿；姜黄活血化瘀；天花粉、天南星清热化痰；厚朴、陈皮、苍术行气化湿；白芷使热邪外透。

用法：上药晒干，磨成细末，过筛，用蜜水调敷，涂于患处，每日一换，1周为1个疗程。

（三）瘀血闭阻证

外用方药：下肢损伤洗方——出自《中医伤科学讲义》

组成：海桐皮12g，透骨草15g，伸筋草15g，五加皮12g，三棱12g，莪术10g，秦艽12g，牛膝10g，木瓜10g，红花10g，苏木10g。

解析：红花、苏木活血化瘀；三棱、莪术破血行气；牛膝、五加皮补肝肾，强筋骨；秦艽、海桐皮、透骨草、伸筋草祛风除湿；木瓜舒筋活络。

用法：上方煎水，熏洗患处。

（四）肝肾亏虚证

外用方药：青州白丸子——出自《太平惠民和剂局方》

组成：川乌15g，白附子60g，南星90g，半夏210g。

解析：川乌温肾散寒，白附子、南星、半夏化痰止痛。

用法：研为细末，加入适量蜂蜜，再倒入开水调成药膏，调温至40℃左右，制成蚕豆大小的药丸数个，置于2.5cm×2.5cm敷贴上外敷患处。选穴：阴陵泉、阳陵泉、内外膝眼、足三里、承山、委中、鹤顶、膝阳关、阿是穴。每日一次，2小时后取下，如出现过敏现象即刻停敷，7日为1个疗程。

第八节　踝　痹　痛

一、病因病机

踝痹的发生与体质因素、生活习惯及饮食等有密切关系；外伤致病，筋脉受损，血行脉外，瘀滞肿胀，气血循行闭阻，瘀滞凝结，经脉不通，不通则痛；病情迁延，筋骨失养，脉络拘急，劳则痛甚。如《诸病源候论》中记载："卒然致损，故气血隔绝，不得周荣。"年老体弱，肝肾亏虚，筋骨劳废，不得濡养，外邪侵袭，流注经络，瘀阻不通而为踝痹。正虚卫外不固是内在基础，外伤邪气致病为踝痹的主要病因。

二、证治分型

（一）气血瘀滞证

外用方药：定痛膏——出自《疡医准绳》

组成：芙蓉叶60g，紫金皮15g，独活15g，生南星15g，白芷15g，马蓝菜30g，旱莲草30g。

解析：芙蓉叶、旱莲草凉血散瘀，消肿止痛；紫金皮、马蓝菜利水消肿，散瘀止痛；独活、生南星祛风除湿，散瘀止痛；白芷祛风发表，散寒燥湿。

用法：上药研磨为散，用生葱汁、老酒和炒，暖敷患处。

（二）寒湿闭阻证

外用方药：八仙逍遥汤——出自《医宗金鉴》

组成：防风 3g，荆芥 3g，川芎 3g，甘草 3g，当归（酒洗）6g，黄柏 6g，茅山苍术 9g，牡丹皮 9g，川椒 9g，苦参 15g。

解析：方中防风、荆芥、川椒散寒祛风；合以当归、川芎、牡丹皮活血通络，散瘀止痛；黄柏、茅山苍术泻浊祛湿；甘草调和诸药。

用法：将上药放入 2000ml 水中煎煮，煮沸 5～10 分钟，熏洗患处，每日 2 次，每次熏洗 20 分钟左右，药物煮沸后放置至水温为 40～60℃时方可浸洗，切勿烫伤。

（三）风湿热痹证

外用方药：加味苍柏散加减——出自《医宗金鉴》

组成：苍术 15g，黄柏 12g，木瓜 9g，川牛膝 9g，独活 10g，羌活 10g，木防己 12g，木通 6g，生地黄 12g，赤芍 15g，当归 12g，知母 9g，炒槟榔 9g，白术 15g，生甘草 6g。

解析：方中苍术、白术二药合用增强祛湿之效；知母、黄柏清热燥湿，泄火养阴；当归、赤芍、生地黄活血凉血；木瓜、槟榔行气利水；羌活、独活通利关节，疏散风湿；木通、木防己、川牛膝引药下行，消肿利湿；甘草调和诸药。

用法：以上药物共研细末，加适量蜂蜜调成糊状敷于患处，用绷带缠裹，每日一换，连续治疗 1 周。

（四）肝肾亏虚证

外用方药：足穴愈疾液——杭州市中医院协定方

组成：红花 15g，川芎 15g，当归 20g，苏木 15g，苦参 20g，黄柏 15g，丁香 20g。

解析：方中红花、川芎、当归、苏木活血通经，行气散瘀止痛；苦参、黄柏清热燥湿，杀虫止痒；丁香温中降逆，补肾助阳。足浴的同时配合足底按摩涌泉、昆仑、太溪、太冲等穴位，运用药物活血通经、温肾助阳，配合穴位按揉两者相辅相成，共同起到补益肝肾之功。

用法：加水 1000ml 煎 20 分钟，取药液再加温水 1000ml，浴足 30 分钟，中间可加热水 2～3 次，每晚睡前 1 次，每剂可重复使用 2 次，10 次为 1 个疗程，可连续使用多个疗程。

思考题

试述项痹痛、腰痹痛不同分型的外用方药。

参 考 文 献

陈湘君. 2013. 中医内科学. 上海：上海科学技术出版社.
邓中甲. 2003. 方剂学. 北京：中国中医药出版社.
丁季峰，中国医学百科全书编辑委员会. 1992. 中国医学百科全书・八十八推拿学. 上海：上海科学技术出版社.
房敏. 2016. 推拿学. 北京：中国中医药出版社.
格罗斯（Jeffrey Gross）. 2015. 肌骨骼检查法. 第 3 版. 陈统一译. 沈阳：辽宁科学技术出版社.
国家中医药管理局. 1994. 中医病证诊断疗效标准. 南京：南京大学出版社.
黄荣宗，吴大真. 2000. 骨伤方剂学. 北京：人民卫生出版社.
李经纬，余瀛鳌，欧永欣，等. 1995. 中医大辞典. 北京：人民卫生出版社.
刘道清. 2007. 中国民间疗法大典. 郑州：中原农民出版社.
马勇. 2006. 中医筋伤学. 北京：人民卫生出版社.
石仰山. 2008. 石氏伤科石仰山. 北京：人民卫生出版社.
宋光. 2007. 锦绣中华养生全典・下卷. 北京：中央编译出版社.
孙广仁. 2007. 中医基础理论. 北京：中国中医药出版社.
田从豁，彭冬青. 2015. 中国贴敷治疗学. 北京：中国中医药出版社.
王国华，夏焕德，吴高明. 1997. 新编骨伤科秘方大全. 北京：北京医科大学、中国协和医科大学联合出版社.
王和鸣. 2007. 中医骨伤学. 北京：中国中医药出版社.
王和鸣，黄桂成. 2012. 中医骨伤科学. 北京：中国中医药出版社.
王薇平，史生铭，刘佳，等. 2010. 黄芪桂枝五物汤内服外洗治疗气血亏虚型类风湿关节炎 31 例. 上海中医药杂志，44（5）：43～45.
王雪苔，中国医学百科全书编辑委员会. 1989. 中国医学百科全书・八十七针灸学. 上海：上海科学技术出版社.
王之虹. 2013. 推拿学. 北京：中国中医药出版社.
杨德仁. 1988. 伤科方药汇粹. 武汉：湖北科学技术出版社.
杨期东. 2002. 神经病学. 北京：人民卫生出版社.
詹强. 2008. 詹氏医论. 杭州：浙江科学技术出版社.
赵勇. 1995. 中国骨伤方药全书. 北京：学苑出版社.
周仲瑛. 2012. 中医内科学. 北京：中国中医药出版社.